Monika Herbst

Grüne Glücksorte in Braunschweig

Geh raus & blüh auf

Dieses

Glücksbuch

ist für

Liebe Glücksuchende,

obwohl ich in München geboren wurde, fühle ich mich in Braunschweig seit vielen Jahren zu Hause. Über meine Heimatstadt habe ich schon einiges geschrieben und hier kenne ich jeden Winkel. Dachte ich. Aber jede Stadt verändert sich. Selbst für Alteingesessene und natürlich erst recht für Zugezogene wird es immer Unbekanntes zu entdecken geben.

Oft sind das grüne Plätze in der Natur, die den Alltag entschleunigen und Ruhe und Entspannung schenken. Dazu gehört zum Beispiel der Fluss Schunter, der renaturiert wird und dadurch wieder Lebensraum für Tiere und Pflanzen bietet. Oder das Ringgleis, das herrlich per Rad zu erkunden ist, aber auch versteckte Kleinode wie der wunderschöne Arzneipflanzengarten.

Grüne Oasen werden durch grünes Leben gefördert und geschützt: Im städtischen Alltag sind das Cafés mit pflanzenbasierten Köstlichkeiten, Geschäfte mit nachhaltiger Kleidung oder Secondhandläden – um nur einige zu nennen. Hier macht Genießen glücklich.

Viel Spaß dabei!

Ihre Monika Herbst

Deine Glücksorte ...

... noch mehr Glück für dich

Brücken am Fluss

1 Die Schunter in Kralenriede und Rühme

Schön radeln konnte man entlang der Schunter schon immer, auf einem Waldpfad nördlich des Flusses, der vom Bienroder Weg abgeht. Seit Mitte der 1990er-Jahre wird der Fluss renaturiert. Ziel ist es, den natürlichen Zustand so weit wie möglich wiederherzustellen – auch bei den mit der Schunter zusammenhängenden Bächen Wabe, Mittelriede und Sandbach.

Der Pfad führt abseits von Autostraßen durch üppiges Grün, an Eichen, Ahorn, Robinien und Birken vorbei, erst in westliche, dann in nördliche Richtung. Er folgt dem Lauf der Schunter, deren Wasser man von ihm aus allerdings nicht sehen kann, dafür ist der Fluss zu weit weg.

Dafür kann man, wenn man mit dem Fahrrad oder zu Fuß unterwegs ist, zwei neue Brücken ansteuern und nutzen – eine führt etwa auf der Hälfte der Strecke zum Butterberg, die zweite geht im Norden Kralenriedes von der Straße Schreberweg nach Rühme zur Straße Im alten Dorfe. Die Übergänge, den Fluss und die Bäume lässt man am besten entspannt auf einer Bank oder einem Stein sitzend auf sich wirken. Hier unten wachsen Weichholzarten wie Esche, Erle und Weide. Ein Auwald soll sich entwickeln, dessen Entstehung die Stadt mit zahlreichen neu gepflanzten Bäumen unterstützt.

Die Schunter entspringt im Elm und mündet in die Oker. Zwischen dem Bienroder Weg in Kralenriede und der Straße Im alten Dorfe in Rühme wurde eine Strecke von 3,5 Kilometern in einen naturnahen Zustand versetzt. Ziel ist es, einen Lebensraum für all die Tiere und Pflanzen zu schaffen, die in Fließgewässern und Auen leben. Die Schunter war ehemals begradigt, inzwischen sind ihre Windungen und Schleifen wiederhergestellt, die dafür sorgen, dass das Wasser länger in der Aue bleibt. Das Totholz im Fluss soll die Fließgeschwindigkeit verringern. Fische können sich dort verstecken und laichen. Seltene Fischarten und feuchtigkeitsliebende Pflanzen fühlen sich inzwischen gleichermaßen wohl.

- Pfad nördlich der Schunter, am besten mit dem Fahrrad
- ÖPNV: Bienroder Weg Bus 416, 426, 436, 464, Haltestelle Michelfelderplatz; Butterberg Bus 464, Haltestelle Butterberg

Aussicht de luxe

2 Der Gaußberg

Wer den Gaußberg erklimmt, wird für den körperlichen Einsatz mit einer wunderschönen Aussicht belohnt: Im Nordwesten der Stadt gelegen, kann man von dem Berg sowohl über Braunschweig und dessen markante Kirchtürme blicken als auch ins Umland, bei klarem Wetter bis zum Brocken im Harz. Früher hieß die Erhebung Anatomieberg, benannt nach einem Anatomiegebäude der nahen Uni, das bis 1824 dort stand. Studierende besuchen den Gaußberg noch heute gern. Inzwischen ist er in erster Linie ein Aussichtspunkt mit markanten alten Bäumen. Eine Blutbuche und eine Kastanie stammen noch aus den Anfangszeiten. Am Fuße des Gaußbergs erinnert ein Denkmal an seinen Namensgeber, den Mathematiker und Astronomen Carl Friedrich Gauß (1777–1855), der in der Nähe geboren wurde.

Der Gaußberg ist Teil des Wallrings. Dieser diente bis ins 18. Jahrhundert als Stadtbefestigung und wurde später zusammen mit den Okerumflutgräben zu einem grünen Ring aus Parks und Gärten umgestaltet, zu dem architektonische Elemente wie imposante Villen, Garten- und Torhäuser gehören. Heute steht der Wallring unter Denkmalschutz, unter anderem wegen seiner historischen und städtebaulichen Bedeutung. Als klar wurde, dass die alte Befestigung aus Bastionen, Gräben und Inseln gegen moderne Waffen nichts ausrichten konnte, hat die Stadt deren Ende beschlossen. Um Geld für die Gesamtgestaltung zu bekommen, wurden Wallgrundstücke an wohlhabende Bürger wie Professoren, Bankiers, Offiziere, Kaufleute und Unternehmer verkauft, die Häuser im Stil des Historismus errichteten. Der Wallring sollte als Park- und Gartenlandschaft Stadt und Land miteinander verbinden und wurde im 19. Jahrhundert zum beliebten Flanier-Ort für die Braunschweiger. Der Gaußberg schloss die Umgestaltung des Wallrings ab. Der Wall ist als Ring kaum noch erkennbar, vieles wurde im Zweiten Weltkrieg zerstört, außerdem wurden Häuser und Straßen gebaut und veränderten ihn zusätzlich. Aber der Gaußberg ist zum Glück geblieben.

- Gaußberg, 38114 Braunschweig
- ÖPNV: Straßenbahn 1, 2, 10, Haltestelle Mühlenpfordtstraße

Bologneese für Sonntagabend

3

Der Automat des Klostergutes Dibbesdorf

Es ist Sonntagabend. Der Kühlschrank ist leer, der Magen auch. Was tun? Am besten zum Café Teetied im Nehrkornweg in Braunschweig-Riddagshausen radeln und am Automaten des Biohofs Dibbesdorf Essen holen. Das Café schließt um 18 Uhr, der Automat am Parkplatz hat allerdings rund um die Uhr geöffnet. Dort kann man also zu jeder Tages- und Nachtzeit einkaufen – beispielsweise Nudeln mit Bruderhahn-Bolognese oder Chili con Carne. Das funktioniert wie im Supermarkt mit Bargeld oder EC-Karte. Damit füllt man nicht nur den eigenen Magen, sondern unterstützt auch die Arbeit des Biohofs. Die Bolognese aus dem Automaten enthält Fleisch vom Bruderhahn. Dieser wird aufgezogen, obwohl er naturgemäß keine Eier legen kann. Er liefert im Gegensatz zum Masthähnchen nur wenig Fleisch und wurde deshalb bisher als Küken getötet. Diese Praxis ist zwar seit 2022 verboten, aber das Geschlecht der Tiere wird seitdem vielfach bereits im Ei bestimmt, die Brüder der Legehennen werden gar nicht erst ausgebrütet.

TIPP

Einen Platz im Café Teetied reservieren oder im Naturschutzgebiet Riddagshausen spazieren gehen.

Die Methode ist umstritten, unter anderem, da die Bestimmung des Geschlechts erst zu einem Zeitpunkt möglich ist, zu dem die Embryonen bereits Schmerzen empfinden. Viele Biobetriebe, wie das Klostergut Dibbesdorf von Luisa Garbe und Jannes Wehman, ziehen die Hähne deshalb auf. Das kostet Geld, zum Beispiel für Futter und Unterbringung, und bringt wenig ein, was den vergleichsweise hohen Preis der Bruderhahn-Bolognese erklärt. Die Aufzucht der männlichen Tiere gilt als Zwischenlösung, langfristig will man Rassen züchten, die sowohl Fleisch als auch Eier liefern.

Wer sich für Nudeln mit Bruderhahn-Bolognese entscheidet, unterstützt also diese Initiative. Dazu wählt man zum Beispiel Bio-Limonade aus dem Automaten. Wer noch etwas Süßes mag, kann zwischen Bio-Keksen und Marmelade oder Honig aus der Umgebung wählen. Auch das Frühstücksei für den nächsten Morgen ist erhältlich – den Spaziergang um den idyllischen Kreuz- oder Mittelteich gibt es gratis dazu.

- Regiomat Riddagshausen, Ebertallee, 38104 Braunschweig, Tel. (0 53 09) 19 63
www.klostergut-dibbesdorf.de
- ÖPNV: Bus 418, Haltestelle Nehrkornweg

KLOSTERGUT DIBBESDORF
24 h
Frische Bio-Eier
Tag des offenen Hofes
Klostergut Dibbesdorf
Am Markt 5
38108 Braunschweig

Weite Sicht

4

Der höchste Punkt der Stadt in Geitelde

Wer auf dem höchsten Geländepunkt Braunschweigs stehen und die Aussicht auf die Stadt genießen will, geht oder radelt am besten hoch hinaus in den Stadtteil Geitelde. Eine Straße führt Richtung Norden, dort befinden sich die Nachbarorte Broitzem und Stiddien. Der höchste Punkt, das kleine metallene Gipfelkreuz mit 110,7 Metern Höhe über Normalnull samt benachbarter Sitzbank, befindet sich hinter dem letzten Haus. Von dort geht die gepflasterte Spielstraße über in einen Feldweg, der an einer Windkraftanlage endet. Von der Bank blickt man Richtung Osten. Dort stehen ein Funkturm und die Silos der Mehlmühle Rüningen. Etwas weiter sind die Höhenzüge Elm und Asse sowie bei gutem Wetter das Mittelgebirge Harz zu sehen.
Von oben erkennt man den viel begangenen und beradelten Evolutionsweg, der die Steinbergstraße in Geitelde verlängert und nach Broitzem führt. Schilder informieren auf dem asphaltierten Weg, wie die Erde entstanden ist. An der höchsten Stelle biegt man rechts ab. Ein Acker mit Lößboden bietet dort den Feldhamstern einen Wohnort mit idealen Lebensbedingungen. Zu sehen sind auch der Funkturm und eine Luftmessstation. An dieser und an anderer Stelle wird die Luftqualität der Stadt gemessen. Es ist durchaus sinnvoll, das hier zu tun: So entsteht beispielsweise Ozon zwar in Städten und an Straßen, gelangt aber durch Luftströmungen auch ins Grüne.
Aussicht hat man am Funkturm leider keine. Wer sich deshalb auf den Weg gemacht hat, sollte früher anhalten oder den höchsten Punkt der Straße Am Sender aufsuchen. Dort kann man den Blick schweifen lassen und die Natur der Stadt genießen. Dabei atmet man frische Luft.
Übrigens: Dem Geitelder Berg folgen der Nußberg im Prinz-Albrecht-Park (94 Meter über Normalnull) und der Giersberg (84 Meter über Normalnull), beide im Östlichen Ringgebiet.

- Geitelder Berg, Am Sender, 38122 Braunschweig
- ÖPNV: Bus 455, 465, Haltestelle Emma-Kraume-Straße

Natur – das schönste Bild

5 Museumscafé und Bistro Anton's

Auf der Terrasse des Herzog-Anton-Ulrich-Museums sitzt man praktisch im Museumspark. Mit freiem Himmel über und neben dem Platz, Sonnenschirme sorgen für den nötigen Schatten. Vögel zwitschern, ihre kleinen Körper werfen dunkle Schatten über die Terrasse. Nach dem Besuch bietet sich ein Spaziergang im Museumspark an. Die Oker ist nah. Auf ihr fahren im Sommer Kanus und Tretboote. Eine Frau in einem kurzen roten Kleid radelt vorbei. Vom Spielplatz neben dem Museum lachen Kinder. Ein grüner Freiraum für alle Generationen. Im Museumscafé treffen sich viele Freundinnen, um sich auszutauschen. Dabei blicken sie auf die opulenten Bäume im Park. Geradeaus, etwas zurückgesetzt, ist eine Hasel zu sehen. Links von ihr wächst eine Eiche, rechts ein Amerikanischer Amberbaum, der wie ein Ahorn aussieht. Dahinter zeigt eine ausladende Blutbuche stolz ihre roten Blätter.

Im Museum kann man sich das Familienbild von Rembrandt ansehen oder „Das Mädchen mit dem Weinglas" von Vermeer – das Herzog-Anton-Ulrich-Museum gehört zu den 20 bedeutendsten Kunstmuseen Deutschlands. Das Café und Bistro Anton's ist aber auch ohne Museumsbesuch vom Park aus über die Terrasse zu erreichen. Hier wird die Natur zum Bild. Die Stadt musste lange auf ihr Museumscafé warten, inzwischen ist es fertig. Das Anton's wird von der Lebenshilfe betrieben. Ziel des Vereins ist es, Menschen mit Beeinträchtigungen zu helfen und ihre Teilhabe am Leben zu stärken. Wer das Café und Bistro besucht, kann eines der gut klingenden und jede Woche wechselnden Gerichte der Mittagskarte aussuchen wie Matjes Hausfrauenart, Auflauf mit Kartoffeln und Brokkoli oder Salat mit Ziegenkäse und Oliven. Vielleicht ist es auch schon Zeit für Kaffee, zur Wahl stehen acht verschiedene Sorten Kuchen und Torten. Lecker!

TIPP

Opulente Torten gibt es im Café Haertle, Theaterwall 1. Vielleicht für ein Picknick im Grünen?

- Anton's, Museumsstraße 1, 38100 Braunschweig, Tel. (05 31) 12 25 24 85
www.lebenshilfe-braunschweig.de/geschaefte-gastronomie
- ÖPNV: Straßenbahn 4, 5, Bus 113, bis Museumstraße

Zurück ins Mittelalter

6 Wehrgang der alten Stadtmauer

In Braunschweig stehen noch Reste der alten Stadtmauer, der ältesten Befestigung der Stadt, die es zu entdecken lohnt. Vom 13. Jahrhundert an umrandete die Mauer Braunschweig, das damals deutlich kleiner war als heute. Die ersten Teile hatte noch Heinrich der Löwe (1129 bis 1195) beauftragt. Das ansehnlichste Stück befindet sich gegenwärtig zwischen Prinzenweg und Gieselerwall, Reste gibt es auch an der Neustadtmühle am Inselwall zu sehen.

In der Echternstraße überstand ein gedeckter Wehrgang auf dem Grundstück 16 a die zahlreichen Zerstörungen aus dem Zweiten Weltkrieg. Die Gegend gehört zum Michaelisviertel, einer der von der Stadt in der Nachkriegszeit geschaffenen Traditionsinseln. Ziel dieser Inseln ist es, die historische Bebauung im Zusammenhang zu zeigen und an die untergegangene Fachwerkstadt zu erinnern.

Zu diesem Wehrgang gehören auch Reste eines alten Wachturms der damaligen Michaelisburg. Dorthin gelangt man über die Echternstraße, an der Stelle, an der sie zur Einbahnstraße wird. Ein Schild weist auf die Hausnummer 16 a hin. Der Durchgang ist kaum zu sehen und befindet sich, nur wenige Meter breit, zwischen zwei Häusern. Die Schindeln des Fachwerkhauses auf der linken Seite reichen bis zum Boden. Hinter dem Durchgang betritt man einen Innenhof, hier liegt der Eingang. Der alte Wehrgang ist mit einer offenen Gittertür versehen, durch die man ihn betreten kann. Auch wenn der Gang heute beleuchtet ist, kann man noch immer gut der mittelalterlichen Atmosphäre nachspüren. Die Luft ist feucht und kühl und man fühlt die alten unebenen Steine unter den Füßen. Nach 55 Schritten erreicht man die Öffnung auf der anderen Seite, es wird hell und grün. Man steht wieder im Licht, aber die geheimnisvolle Atmosphäre bleibt – als hätte man den Ort unerlaubt betreten. Direkt am Tunnelausgang verläuft ein wild eingewachsener mittelalterlicher Graben der Oker. Man kann hier auf Treppenstufen sitzen und die Stille und Abgeschiedenheit auf sich wirken lassen.

- Wehrgang Echternstraße, Echternstraße 16 a, 38100 Braunschweig
- ÖPNV: Bus 413, Haltestellen Südstraße oder Güldenstraße

Das Blaue im Grünen

7 Das Freibad Bürgerpark

Ein Türmer war einst dazu da, die Stadt vor Feuer oder feindlichen Truppen zu warnen. Seit 2014 steht eine bronzene, fast 4 Meter hohe Skulptur eines solchen Wächters auf dem Turm des ehemaligen Wasserwerks neben dem Freibad Bürgerpark. Die Figur sieht aus, als wolle sie gleich vom 10-Meter-Turm ins Becken springen. Diesen Eindruck kann man zumindest bekommen, wenn man von der Wiese auf der Ostseite des Freibads, gegenüber der Station des Bademeisters, nach oben schaut.

Auf der Wiese liegend, kann man an Sommertagen wunderbar die Wolken und Vögel am Himmel beobachten. Wird einem dabei zu warm, klettert man über die Treppe hinein ins kühle Wasser, rutscht die 62 Meter lange Rutsche hinunter oder wagt sich vom Sprungturm. Am ruhigsten ist es, wenn man zwischen 9 und 10 Uhr morgens kommt. Dann, wenn die ersten frühen Gäste aus dem Wasser kommen und sich anziehen und bevor die Familien eintrudeln. Man kann das Gesicht in die noch milde Sonne halten und gleichzeitig den Rest des Körpers im Wasser kühlen.

Später öffnet der Kiosk, es gibt Kaffee oder bunte Tüten, die sich nach sorgloser Freibad-Kindheit anfühlen und mit verschiedenen Gummibärchen gefüllt sind. Der Klassiker, Pommes mit Majo oder Ketchup, ist natürlich auch im Angebot.

Das Bürgerbad liegt am Rand des Bürgerparks, es gibt schattige Bäume auf und an der großen Liegewiese. Auf ihr schwirren Bienen. Um keine Stiche abzubekommen, trägt man am besten Badeschuhe. Auch andere Tiere wie die Krähen haben im Freibad eine Heimat gefunden. Die schwarzen Vögel schrecken nicht davor zurück, die Taschen der Badegäste nach Essbarem zu durchsuchen, während diese sich im Wasser befinden. Also am besten immer gut verschließen!

TIPP

Wer kein Chlor mag, ist im Kennel-Bad mit Sandstrand nahe Schloss Richmond gut aufgehoben.

- Freibad Bürgerpark, Nimes-Straße 1, 38100 Braunschweig, Tel. (05 31) 4 81 50 www.stadtbad-bs.de
- ÖPNV: Bus 419, 429, 461, 620 bis Am Wassertor; Bus 413, 419, 429, Haltestelle Holzhof

Weißer Blütentraum

8 Vogelkirschen am Riddagshäuser Weg

Im Frühjahr ist die Straße ein weißes Blütenmeer. Rechts und links des Riddagshäuser Wegs blühen um die 40 essbare Vogelkirschen. Bienen summen. Die Kronen der Bäume reichen so weit, dass es sich anfühlt, als würde man durch einen weißen, duftenden Tunnel laufen. Die Blätter und Blüten werfen Schatten. Die Bäume der Wildkirschenart wurden vor gut 50 Jahren von der Stadt gepflanzt und haben mittlerweile eine stattliche Größe von 10 bis 15 Metern erreicht. Ihre Blüten kündigen die warme Jahreszeit an. Die Straße führt Richtung Riddagshausen, auf der linken Seite geht es an einem Park, auf der rechten Seite an Kleingärten vorbei.

Am Ende der Allee öffnet sich rechts eine Grasfläche. An deren höchstem Punkt steht wie hingemalt eine alte Bockwindmühle. Ihr dunkles Holz bildet einen schönen farblichen Kontrast zu den weißen Blüten. Die Mühle wurde 1979 aus Remlingen, südöstlich von Wolfenbüttel, hierher verlegt. Ursprünglich mahlte sie Getreide, der Wind trieb sie an. Heute übernimmt ein Elektromotor die Arbeit. Wenn sich die mächtigen Flügel in Bewegung setzen, erbebt die ganze Mühle. Sie schwankt und knarzt wie ein altes Segelschiff. Im Inneren greifen große Zahnräder, die den Mühlstein bewegen, ineinander. Sie sind aus hartem Eichenholz gebaut. Die Mühle wird regelmäßig in Gang gesetzt. Ihr neuer Platz auf der Lünischhöhe ist malerisch, Höhe und Wind benötigt sie dank Elektromotor nicht mehr. Eine individuelle Führung ist möglich.

Wer den Weg zu Ende geht oder fährt, kommt in einen der schönsten Stadtteile Braunschweigs: Riddagshausen. Es lohnt sich, sich die alten Fachwerkhäuser anzusehen, die gotische Klosterkirche, den Klostergarten (Glücksort 70) oder einen Abstecher in eine der ältesten Einrichtungen dieser Art in Deutschland zu machen, das 1936 ausgewiesene Naturschutzgebiet Riddagshausen.

- Bockwindmühle Victoria Luise, Riddagshäuser Weg 3, 38104 Braunschweig, Führungen: Werner Goldmann, Tel. (01 57) 78 20 92 37
- ÖPNV: Bus 423, Haltestelle Herzogin-Elisabeth-Straße

Freundliche Atmosphäre

9

Das Café Lüttes

Wer im Café Lüttes am Wollmarkt auf dem Podest sitzt, ist umgeben von grünen Topfpflanzen.

Das Personal ist durchweg freundlich und hilfsbereit. Hier kann man bis 17 Uhr frühstücken – je nach Geschmack vegan, süß, mit Käse oder mit Wurst und Käse. Man bekommt einen liebevoll dekorierten Teller mit vielen verschiedenen Gemüsesorten und Obst zum gewählten Frühstück. Snacken gewünscht. Etwas Besonderes sind die hausgebackenen Brötchen und das Brot, der Renner darunter ist das Nussbrot, sowie die Dinkelbrötchen oder süßen Buchteln. Wer sich an die Theke stellt, bekommt einen schnellen Espresso, ganz wie in Italien. Dass Kaffee im Lüttes einen besonderen Stellenwert hat, erkennen Gäste schon an den leeren Kaffeesäcken, die an der Decke hängen. Die Bohnen für Filterkaffee und Espresso stammen von einer Rösterei aus Hildesheim, eine Empfehlung der Berliner Barista-Schule, in der Chefin Kay Krüger ihre Ausbildung gemacht hat. Die Hildesheimer machen Third Wave Coffee. Das heißt, die Bohnen werden in Langzeit geröstet. Dadurch entstehen keine Bitterstoffe, die Aromen werden aber stärker hervorgehoben.

Die dunklen Holzmöbel der Einrichtung kontrastieren angenehm mit dem Grün der Pflanzen. Zwischen den Tischen steht Spielzeug. Grün bedeutet für das Lüttes auch, möglichst regional und saisonal zu arbeiten. Und so gibt es hier Milch aus Groß Twülpstedt, Obst, Saft und Bier aus Braunschweig und im Sommer Eis aus Ettenbüttel.

Das Café eröffnete ohne großes Aufhebens 2019 am Wollmarkt – von der Terrasse blickt man auf die Kirche St. Andreas und die Rekonstruktion des Fachwerkgebäudes Alte Waage. Auf dem Wollmarkt kann man mittelalterliche Luft schnuppern, er wurde im 12. Jahrhundert angelegt.

TIPP

Von 15 bis 17 Uhr kann man den Turm der Andreaskirche besteigen, mit 93 Metern der höchste der Stadt.

- Café Lüttes, Kaiserstraße 52, 38100 Braunschweig, Tel. (05 31) 38 99 24 35 www.luettes.cafe
- ÖPNV: Straßenbahn 4, Bus 411, 416, 450, 480, 560, Haltestelle Radeklint

Duft nach frischem Holz

10 Der Schul- und Bürgergarten Dowesee

Rosen duften, Blumen blühen in allen Farben. Graugänse schwimmen auf dem Dowesee, Enten schnattern. Es ist Sommer, morgens an einem Wochentag. Kein Mensch ist zu sehen. Leider ist der Dowesee mehr grün als blau, er ist mit Entengrütze überzogen, also Wasserlinsen. Sie entstehen durch hohe Nährstoffeinträge, zum Beispiel durch Futterreste für Wasservögel oder Nutrias, durch deren Kot und Dünger. Das Problem ist bekannt.

Wer die Vögel auf dem Wasser nicht nur anschauen möchte, sondern auch gern wüsste, wie sie heißen, ist hier richtig. Kein Wunder, ist doch der offizielle Name der Anlage Schul- und Bürgergarten Dowesee. Die Menschen, die hier wohnen, nennen ihn einfach Dowesee und wissen, was gemeint ist. Das Gelände ist mit rund 9 Hektar eher klein. Auf einem Schild werden alle Wasservögel im Foto gezeigt und benannt. Das Schild ist an einem Holzsteg angebracht, an dem auch einige Liegen stehen – ideale Pausenplätze, die den Blick auf den Dowesee und auf eine plätschernde Fontäne in der Mitte ermöglichen. Die Fontäne bringt Sauerstoff ins Wasser und hilft so gegen die Wasserlinsen. Sie sieht zudem schön aus. Dem Steg gegenüber steht ein Entenhaus im Wasser, Fliegen und Libellen schwirren an dem mit Gräsern und Schilf bewachsenen Ufer. Nachts fliegen Wasserfledermäuse am See, wie ein Mitarbeiter erzählt. Sie jagen Mücken. Für sie gibt es den neu aufgestellten Fledermausturm. In seiner Nähe riecht es angenehm nach Holz. Die Öffnungen wurden mit Lamellen versehen, die bei den Spalten bewohnenden Fledermäusen beliebt sind. Ihre Bestände gehen seit Mitte des 20. Jahrhunderts in Europa zurück. Der zu ihrem Schutz gebaute Turm ist 7 Meter hoch. Ohne die örtliche Universität gäbe es ihn nicht: Er wurde vom Institut für Landschaftsarchitektur geplant und vom Institut für Baukonstruktion und Holzbau gefertigt. Das Konzept wurde von der 2023 stattfindenden Bundesgartenschau in Mannheim bereits übernommen.

TIPP

Regelmäßige Veranstaltungen am Dowesee bietet die Initiative Kultur unter Glas, kulturunterglas.de

- Schul- und Bürgergarten Dowesee, Doweseeweg, 38112 Braunschweig
- ÖPNV: Straßenbahn 2, Haltestelle Burgundenplatz

Nachhaltiger Fleischgenuss

11 Der Guten-Morgen-Laden an der Hagenbrücke

Aus Tier- und Umweltschutzgründen ist es sicher am besten, möglichst vollständig auf tierfreie Nahrungsmittel wie Obst, Gemüse, Hülsenfrüchte oder Getreideprodukte zu setzen. Wenn es aber doch mal Fleisch oder Wurst sein soll, kauft man das in Braunschweig idealerweise im Guten-Morgen-Laden. Hier gibt es statt billiger Supermarkt-Ware aus Massentierhaltung nachhaltige Produkte. Dafür besitzt der Laden einen eigenen Frischfleisch-Tresen, den man selbst in den meisten Bio-Supermärkten vergeblich sucht. Das Fleisch und die Wurst stammen von bio-zertifizierten Bauernhöfen. Die Tiere verbringen ihre Zeit größtenteils unter freiem Himmel und bekommen gentechnikfreies Futter, das nicht aus gerodeten Regenwaldgebieten stammt. Sie werden auf kurzem Weg zu kleinen, handwerklich arbeitenden Schlachthöfen transportiert. Mit den Lieferanten arbeitet das Team langfristig zusammen und wählt sie so regional wie möglich. Fazit: Wenn der Braten zum Sonntag dazugehört, lässt er sich aus dem Guten-Morgen-Laden mit gutem Gewissen genießen. Dort gibt es auch verschiedene Wurstsorten wie Salami, rohen und gekochten Schinken, Mortadella, Würstchen und Steaks für den Grill und selbst gemachte Kräuterbutter. Dafür kann man auch Mehrweggläser nehmen. Wer schon einmal hier ist, kann gleich den gesamten Einkauf erledigen: Im Laden gibt es auch eine große Auswahl an hochwertigen Lebensmitteln für die vegane und vegetarische Küche.

TIPP

Vor dem Eingang des Bioladens steht eine der wenigen aus dem Mittelalter erhaltenen Kemenaten.

Das Mittagessen, das hier angeboten wird, ist nicht umsonst so beliebt. Spätestens ab 12 Uhr kann man erschwingliche und frische biologische Gerichte kaufen wie Antipasti oder Frikadellen. Zudem gibt es wechselnde hausgemachte Tagessuppen, mit Fleisch oder vegan. Alles zum Mitnehmen. Das Essen im Bio-Laden zu holen, ist eine komfortable und nachhaltige Alternative zum Selberkochen.

- Guten-Morgen-Laden, Hagenbrücke 1–2, 38100 Braunschweig, Tel. (05 31) 1 88 01 www.guten-morgen-laden.de
- ÖPNV: Straßenbahn 1, 2, 3, 4 bis Hagenmarkt; Straßenbahn 4, Alte Waage

Grün mit Panorama

12 Der Westpark

Braunschweig verfügt über viele Parks, die in der Stadt als grüne und blühende Oasen dienen. Dazu zählt auch der Westpark, der sich vom Madamenweg aus gut entdecken lässt. Der Park ist mit rund 110 Hektar ohnehin recht groß, dazu kommen noch Kleingärten, Sportanlagen und Teiche, sodass sich die Natur auf mehr als der doppelten Fläche ausbreiten kann. Der Park besteht seit 1980. Radelt man von der Nordseite auf einem kombinierten Rad- und Fußweg zwischen dem Kleingartenverein Kröppelweg und dem Labyrinth aus Elefantengras hinein, kommt man zu einem wunderschönen Aussichtsplatz. Dort stehen ein runder Pavillon und eine Bank. Auf ihr kann man sich niederlassen und sieht linker Hand nicht nur eine nahe Pferdekoppel, sondern weiter entfernt auch zwei Kirchtürme, die aus der Silhouette der Stadt ragen. Die Bank und der Ausblick sind perfekt zum Verweilen und Abschalten.

Hat man genug gesehen, geht es auf die andere Straßenseite. Auf dem Weg dorthin fährt man im Sommer an Getreidefeldern mit rot blühendem Mohn entlang und unter duftenden, Schatten spendenden Bäumen hindurch. Um welche Baumarten es sich handelt, erfährt man auf Infotafeln: Es gibt zum Beispiel die Mahagoni-Eberesche, den Spitzahorn und die Spätblühende Traubenkirsche.

Wer mag, kann sich auf dieser und der anderen Parkseite seit dem Jahr 2010 auch sportlich betätigen und Disc Golf an 18 Spielbahnen spielen. An diesem Vormittag ist es hier ruhig, dafür spielen im zur Weststadt gehörenden Rheinviertel Jugendliche Fußball. Man hört im Park, wie sie ihre Teams anfeuern. Außerdem gibt es für Kinder und Jugendliche unter anderem eine Skaterbahn, eine Bolzwiese, einen Streetballplatz und ein Beachvolleyballfeld. Im Herbst lässt sich ein Spaziergang im abwechslungsreichen Westpark zudem mit Blaubeerpflücken verbinden, die dann reif sind.

● Westpark, nördlich und südlich Madamenweg, 38120 Braunschweig
● ÖPNV: Bus 418, Haltestelle Kröppelberg

Crêpes am Magnikirchplatz

13

Das kleine Café

Ein angenehmer Tag kann so starten: Man packt eine Flasche Sekt ein und setzt sich auf die Bank vor der Magnikirche. Das ist der schönste Platz der Stadt, vor den Steinen der ältesten Kirche.
Direkt gegenüber der Magnikirche befindet sich Das kleine Café. Dort ist schon am Morgen viel los, ab 9.30 Uhr kann man frühstücken, wenig später ist jeder Tisch besetzt. Bestellen kann man auch an einer großen Öffnung neben dem Eingang des Cafés, an dem zwei Crêpes-Eisen aufgebaut sind – dem To-go-Fenster. Das Essen wird an den Tisch gebracht, sobald es fertig ist.
Das Besondere an dem Café kennen lediglich Insider: Die Zutaten sind fast alle bio und regional. Viel kommt aus Göttingen, wird von Naturkost Elkershausen geliefert. Man kann sich also mit gutem Gewissen verwöhnen lassen.

TIPP

Danach geht es ins Städtische Museum, den Grotrian-Steinweg-Flügel von Clara Schumann bewundern.

Beliebt bei den Gästen sind die verschiedenen Crêpes-Arten. Gerade wenn man sich selbst gern am Waffeleisen und an Pfannkuchen in der heimischen Küche versucht, weiß man diese besondere Köstlichkeit zu schätzen. Außerdem gibt es Galettes, herzhafte bretonische Pfannkuchen aus Buchweizen und Wasser, für alle, die vegan essen wollen. Dazu kommt ein wechselndes Tagesgericht – zum Beispiel Nudeln, Suppe oder Salat. Vieles wird ohne tierische Zutaten zubereitet, aber nicht das gesamte Angebot. Hier kommen alle auf ihre Kosten.
Menschen auf dem Fahrrad und zu Fuß steuern den Magnikirchplatz an. Manche verweilen – auf dem Platz mit sandigem Untergrund, der nicht umsonst einer der beliebtesten Treffpunkte Braunschweigs ist – zum Erholen, oder sie machen einen Einkaufsbummel. Dafür ist das Viertel ideal mit seinen liebevoll ausgestatteten, inhabergeführten Läden, die Bücher, Yoga-Tops oder Sandspielsets und Skateboard-Schaukeln anbieten.

- Das kleine Café, Ölschlägern 17, 38100 Braunschweig
  www.das-kleine-cafe.metro.biz
- ÖPNV: Straßenbahn 4, 5, Haltestelle Am Magnitor

Schorlen
0,2 l / 0,4 l
– Apfel
– Apfel-Kirsch
– Mango Maracuja
FRANZÖSISCHES
FRÜHSTÜCK
1 Croissant
Süßes nach Wahl,
Butter & Milchcafé
6,– €
BioZisch
cake
Crêpes

Hummeln auf rotem Mohn

14 Bienenstadt Braunschweig

In Braunschweig leben mehr als 200 Wildbienenarten, schätzt das Institut für Bienenschutz des Julius-Kühn-Instituts. Die Wissenschaftler arbeiten an einem bundesweiten Forschungsprojekt, das sich zum Ziel gesetzt hat, Nahrung und Nistmöglichkeiten aufeinander abzustimmen und damit die Lebensbedingungen von Wildbienen in Städten zu verbessern. 100 Flächen wurden in Braunschweig bereits umgestaltet, sie sind mit insgesamt 40 Hektar auch ziemlich groß.

Eine der ältesten Flächen befindet sich am Hohetorwall an der neuen Sidonienbrücke. Dort blüht es in verschiedenen Violetttönen, in Blau, Gelb und Rot. Die Pflanzen, die dort wachsen, heißen Wiesen-Storchschnabel, Moschus-Malve oder Thüringer Strauchpappel. Um die Blüten schwirren Hummeln, besonders der rote Mohn ist bei ihnen begehrt. Hohe Bäume spenden Schatten, Linden blühen. Man kann sich auf eine der zahlreichen Bänke setzen und dem Summen der Bienen und dem Zwitschern der Vögel zuhören. Die Sonne blinzelt zwischen den Zweigen und wärmt die Haut. Menschen mit dem Fahrrad oder zu Fuß überqueren den Okerarm. Der Standort befindet sich nur einen Kilometer entfernt vom Zentrum. Von hier aus kann man die Innenstadt ansteuern, das Ringgleis oder die Hochschule für Bildende Künste. Zentrumsnah blüht es zudem an der Kreuzung Theaterwall/Fallersleber-Tor-Wall (gegenüber dem AOK-Gebäude) oder am Eingang zum Magniviertel, Kreuzung Steintorwall/Magnitorwall (gegenüber dem städtischen Museum).

Wer den Einsatz für Wildbienen selbst aktiv unterstützen möchte, fängt am besten mit einem Bienenhotel an. Wie das geht, erklärt Rangerin Anke Kätzel vom Haus Entenfang online in einem Video (das leicht über die Suchmaschine im Internet zu finden ist). Passende Futterpflanzen gibt es als Wildbienenmischung bei der Touristinfo Braunschweig oder unter wildbienenshop.de.

- Blühflächen am Hohetorwall, 38118 Braunschweig
- ÖPNV: Bus 411, 413, 416, 418, 422, 423, 450, 480, 560, Haltestelle Güldenstraße

Gärtnern in der Stadt

15 Urban Gardening in Annes Garten

Wer das erste Mal gärtnert, sollte Radieschen nehmen. Das rät Sümeyra Günaydin, Gründerin von Annes Garten. Sie hat ihr Geschäft im Februar 2022 am Altstadtmarkt eröffnet. Dort bekommt man alles, was man fürs Gärtnern in der Stadt braucht. Das Besondere: Alle Arten sind samenfest und ihre Ware ist überwiegend bio, plastikarm und so regional wie möglich. Der Bio-Kleedünger aus Dresden trägt beispielsweise das Logo des Anbauverbandes Naturland. Gut so, denn im Gegensatz zu Lebensmitteln ist die Bezeichnung Bio bei Düngern und Blumenerde nicht geschützt.

Samenfest bedeutet, dass man die Samen im nächsten Jahr neu einsetzen kann. Das geht bei preiswerten Hybrid-Sorten nicht. Werden diese nachgezüchtet, verlieren sie die tollen Eigenschaften ihrer Eltern und sind zum Beispiel deutlich kleiner.

Die Gründerin hat den Namen für ihr Geschäft, Annes Garten, nicht nur gewählt, weil er leicht zu merken ist, sondern auch wegen seiner Bedeutung und Geschichte: Anne ist türkisch und bedeutet Mutter. Ihre Mutter war es auch, die immer einen Garten besaß. Dort kam die Tochter zur Ruhe, inmitten des Grüns. Sie ist – Fußballfans müssen jetzt tapfer sein – in der Nachbarstadt Hannover aufgewachsen und studierte in Braunschweig Grafikdesign. Sie lernte früh, was Nachhaltigkeit bedeutet: Ihre Mutter stammt aus einem kleinen Dorf in der Türkei. Wasser war dort kostbar und wurde nicht einfach weggekippt, sondern gesammelt, um beispielsweise Pflanzen zu gießen. Heute gärtnert Sümeyra Günaydin draußen an ihrer Fensterbank oder begrünt die Dachterrasse ihres Freundes. Urban Gardening ist für sie überall dort zu Hause, wo man nicht damit rechnet: in Bechern, im Innenhof oder, falls möglich, auf dem Dach.

Übrigens, auch gut zum Ausprobieren geeignet sind Kopfsalat, Rauke oder Feldsalat. Für Innenräume gibt es Kresse. Es reicht, ein wenig Watte oder Küchenkrepp als Unterlage zu verwenden und diese feucht zu halten. Dazu noch etwas Licht und bald kann das selbst angebaute Grün geerntet werden.

- Annes Garten, Gördelingerstraße 1, 38100 Braunschweig, www.annesgarten.de
- ÖPNV: Bus 411, 413, 416, 418, 422, 423, 450, 480, 560, Haltestelle Altstadtmarkt

Grünes Glück für alle

16

Der Bürgerpark

Der Bürgerpark trägt seinen Namen natürlich nicht ohne Grund. Er wurde von 1886 an als Volksgarten errichtet. Bis dahin waren Parks in der Regel eingefriedet und für die Öffentlichkeit unzugänglich. Der Bürgerpark dagegen sollte Menschen jeden Alters und jeden Ranges dienen, um Körper und Geist etwas Gutes zu tun. Es gibt Bänke, breite Hauptwege, windstille Orte, den Fluss Oker und es wurde bewusst auf Pflanzen verzichtet, die aufwändig gepflegt werden müssen. Dafür gibt es bis heute zahlreiche verschiedene und oft seltene Bäume wie Trompetenbaum, Tulpenbaum, ungarische Eiche und Götterbaum. Eine Kartierung Ende der 1980er-Jahre ermittelte so viele Arten, dass diese eine Doppelseite in einem Buch brauchten: Unter anderem sind Felsenbirne, Traubenkirsche, Sommerlinde, Zierapfel und Silberahorn zu entdecken. Im Bürgerpark gibt es zudem einen Berg, der zum Ufer der Oker hin steil abfällt, den heutigen Kreißberg, sowie verschiedene Brücken und Teiche. Der Kreißberg, benannt nach dem Erbauer des Parks, Promenadeninspektor Friedrich Kreiß, hieß früher Scherbelberg. Er besteht aus Hausmüll und Bauschutt. Einer der wenigen Bauten im Park ist der 1896 aufgestellte dorische Portikus. Der Säulengang, aus Elm-Steinen gebaut, wurde auf einem Hügel zwischen dem von Trauerweiden umstandenen Portikusteich und der Okergabelung platziert. Eigentlich schmückte der Säulengang das ehemalige Augusttor neben dem Ägidienkloster, bis das Tor abgebrochen und der Säulengang in den Bürgerpark verlegt wurde. Bombenabwürfe im Zweiten Weltkrieg beschädigten den Portikus im Park, Teile der Säulen stürzten ein, aber er blieb trotzdem reizvoll.

Bevor der Bürgerpark entstand, war das Gelände größtenteils baumlos und durch feuchte Wiesen und Schleifen der Oker geprägt. Heute ist der Park einer der ältesten und größten Grünanlagen in Braunschweig.

TIPP

Einmal jährlich kann man bei „Klassik im Park" kostenlos klassische Musik im Bürgerpark hören.

- Bürgerpark, Portikus, 38102 Braunschweig
- ÖPNV: zum Beispiel Straßenbahn 2, Haltestelle Leisewitzstraße

Historische Blutbuche

17 Der Botanische Garten

Wer den Botanischen Garten vom nordöstlichen Ende aus betritt, stößt bald auf die eindrucksvolle Blutbuche, die als einzige Pflanze aus dem Gründungsjahr der Anlage 1840 erhalten ist. Der weit ausladende Baum mit den rötlichen Blättern ist am Stamm seit Neuestem mit einem grünen Netz umhüllt. Ein Gärtner, der in der Nähe arbeitet, erklärt: Ein Sturm hatte einen Ast des Baumes, der dem Stamm Schatten spendete, abgebrochen. Damit die Blutbuche die heißen Sommer übersteht und an der freiliegenden Stelle keinen Sonnenbrand bekommt, wurde das Netz angebracht. Ein paar Schritte weiter befinden sich zwei Laubengänge und ein Duftgarten, in dem Geranien blühen. Am Haupteingang im Süden lockt ein Bauerngarten mit bunten Blüten wie rotem türkischem Mohn oder violetter Hoher Bartiris. Geradeaus befinden sich Gewächshäuser – eins davon beherbergt seit 2018 die Victoria-Rose. Die Riesen-Seerose blüht jeden Sommer an zwei aufeinanderfolgenden Abenden, erst weiß, dann rosa. Ihre Blätter können bis zu 35 Kilogramm tragen, was zahlreiche Kinder an diesen Abenden auch ausprobieren dürfen. Außerdem gibt es das Tropengewächshaus mit Nutzpflanzen aus Indien, Mexiko oder Brasilien und das Gewächshaus, das die Sukkulenten beherbergt, mal mit Dornen, mal mit Haaren, mal blühend, mal nicht.
Überquert man die vielbefahrene Humboldtstraße, gelangt man in den Erweiterungsteil des Gartens, der 1995 neu angelegt wurde. Dort gibt es eine Streuobstwiese, verschiedene Gräser und einen Teich. Zwischen ihm und einem hölzernen Pavillon wächst eine Sumpfzypresse mit hellgrünen weichen Nadeln. Sie steht direkt an der bewachsenen Oker, die man von den Bänken aus mehr vermuten als sehen kann. Die Vögel zwitschern. Wer zur Ruhe kommen will, findet sie hier ganz bestimmt, denn in diesen Teil des Botanischen Gartens verirren sich nur wenige Menschen.
Insgesamt 4000 Arten wachsen hier auf 3 Hektar, damit ist 1,5 Prozent der weltweiten Flora repräsentiert.

● Botanischer Garten, Humboldtstraße 1, 38106 Braunschweig, Tel. (05 31) 39 15 88 89, www.tu-braunschweig.de/ifp/garten
● ÖPNV: Straßenbahn 3, Haltestelle Botanischer Garten

Gras statt Gas

18 Das Elefantengras-Labyrinth im Westpark

Unglaublich, wie schnell das wächst. Im Frühjahr wurde das Elefantengras gemäht, im Sommer können selbst groß gewachsene Menschen nicht mehr darüber hinwegsehen. Das ist auch gut so, schließlich handelt es sich bei der Anlage im Westpark um ein Labyrinth. Am Madamenweg stadtauswärts, vor dem Kleingartenverein Kröppelweg, wächst Elefantengras, das von der Stadt ursprünglich in Form eines Löwen angelegt wurde. Das Tier erkennt man zwar nicht mehr, was nicht weiter schlimm ist, denn das Labyrinth ist eine witzige Idee, das eigentliche Ziel aber ein anderes: Es geht darum, Kohlendioxid zu binden. Und zwar in Form von schnell nachwachsendem Rohstoff. Das können Weiden sein, Pappeln oder eben, wie in diesem Fall, Elefantengras. Das Elefantengras wird zur Energieerzeugung genutzt und ersetzt Öl, Gas oder Kohle.

Seit 2021 gibt es auch einen 8 Meter hohen Aussichtsturm inmitten des Labyrinths. Damit ist der Weg klar: Es geht zum Turm. Das Labyrinth ist einfach zu knacken und klein, etwas größer als ein Fußballfeld. Die Gäste sind allerdings auch findig: Sie gehen auf Trampelpfaden zum Turm, neben den offiziellen Wegen und mitten durch das hoch wachsende Gras.

Der Turm besteht aus Holz. Genauso wie die Bänke, die verteilt im Labyrinth stehen, auch größeren Gruppen Platz bieten und dazu einladen, ein mitgebrachtes Picknick zu genießen. Allzu lange verweilen die meisten vermutlich nicht auf ihnen, ohne Rückenlehne dürfte es bald unbequem werden. Doch für eine längere Rast gibt es die älteren Bänke mit Lehnen am Eingang. Auch Fahrradständer stehen bereit. Am Aussichtsturm angekommen bietet sich ein sehr schöner Blick auf die Felder und Bäume ringsherum, auf das Elefantengras und die Wege, die hindurchführen.

Auf einem Seitenstreifen am Eingang wächst Getreide und dazwischen inmitten von weißem Beifuß und gelber Süßer Schafgarbe auch blaue Wegwarte.

● Elefantengras-Labyrinth im Westpark, 38120 Braunschweig
● ÖPNV: Bus 418, Haltestelle Kröppelberg

Biotop in der Stadt

19 Mittelriede am Vossenkamp

Viel Platz hatte die Stadt für ihr Vorhaben nicht, als sie 2010 die Mittelriede auf 200 Metern renaturierte. Der ausgewählte Bereich Alte Dammstraße/Vossenkamp liegt mitten in Braunschweig, stromaufwärts begrenzen Kleingärten die Fläche, stromabwärts befinden sich Privatgrundstücke und Bahnanlagen. Die Lösung ist ein kleines Biotop, unter Experten Trittsteinbiotop genannt: ein Korridor, der Tieren das Wandern und damit den Austausch der Arten ermöglicht. Die Fachkräfte der Stadt schafften Totholz herbei, pflanzten Erlen und Weiden und bauten ein steiles, sandiges Ufer, in dem Eisvögel und Wildbienen nisten können. Die Mittelriede beherbergt heute Fischarten wie Stichling, Groppe und Bachschmerle.

Zudem schwirren verschiedene Libellen- und Sandbienenarten umher. Letztere haben ihren Nistplatz im steilen, sandigen Uferbereich und Nahrung dank des danebenliegenden Sandmagerrasens. Dieser wird seit Jahren vom Bund für Umwelt- und Naturschutz gepflegt und erhalten. Im Hochsommer blühen darauf himmelblaue Berg-Sandglöckchen und rosafarbene Heidenelken, bis in den Herbst sorgen gelbe Sand-Strohblumen für Farbe. Schön sieht das aus und es dient einem sinnvollen Zweck: Der Nektar der Wildblumen ist für Bienen, Hummeln, Fliegen und Schmetterlinge Nahrung.

Hat eine Sandbiene einen Gang im Uferbereich als Nistplatz angelegt, können spielende Kinder diesen zerstören. Auch freilaufende Hunde und ihre Hinterlassenschaften auf dem Sandmagerrasen sind problematisch: Sie erhöhen den Nährstoffanteil und fördern ein Überdüngen der Fläche. Die auf magere Böden spezialisierten Blumen können nicht mehr wachsen. Das Team des BUND mäht daher regelmäßig die Gräser und bringt sie weg, um den Nährstoffeintrag zu senken. Je mehr Hunde im Gelände unterwegs sind, desto mehr kommt diese Aufgabe allerdings einer Sisyphusarbeit gleich.

- Mittelriede am Vossenkamp, 38104 Braunschweig
- ÖPNV: Straßenbahn 3, Bus 230, 433, Haltestelle Gliesmarode (13 Minuten zu Fuß)

Hefebuchteln und Oliven

20 Wochenmarkt am Stadtpark

Wochenmärkte bieten oft sowohl eine regionale Produktauswahl als auch eine farbenfrohe Abwechslung im städtischen Straßenbild – und sie verzichten auf aufwändige Verpackungen, die die Produkte bewerben. Beliebt ist der Wochenmarkt am Stadtpark vor allem bei Müttern mit kleinen Kindern. Was kein Wunder ist, denn hier gibt es viel Grün und ein paar Schritte entfernt einen Spielplatz und zwei Eiswagen. An beiden ist Getümmel. Der Wagen nebenan verkauft Cappuccino.
Auf dem Wochenmarkt kann man alles einkaufen, was man braucht und mag: frischen Fisch, Brot, Hefebuchteln oder Oliven, Salat, Blumen und vieles mehr. Der Markt ist der zweitgrößte der Stadt. Seit 1992 findet er auf der Herzogin-Elisabeth-Straße zwischen Jasperallee und Grünewaldstraße statt. Die Wagen und Stände werden von hohen alten Bäumen gesäumt, die auch an heißen Tagen willkommenen Schatten spenden.
Jeden Donnerstag werden die vielfältigen und frischen Waren von 14 bis 18 Uhr angeboten. Vor den Verkaufsständen bilden sich Warteschlangen, für die Stammkundschaft oft ein willkommener Anlass für den ein oder anderen Plausch mit Bekannten und Nachbarinnen.

TIPP

Bayerische Spezialitäten gibt es einige Schritte weiter im Löwengarten (Glücksort 35).

Wie wäre es im Anschluss mit einem Picknick im Park? Entweder im kleinen Stadtpark oder – noch besser – im Prinzenpark (offiziell: Prinz-Albrecht-Park). Vor allem in Letzterem lässt sich hervorragend eine Picknickdecke ausbreiten. Darauf das eben gekaufte krosse Baguette, duftender Käse, Salami, frische Oliven, griechischer Brotaufstrich, dazu Tomaten und zum Nachtisch Äpfel. Schöner geht es nicht, oder? Doch! Wer spät dran und gut zu Fuß ist, erklimmt den Nussberg im Prinzenpark und bekommt zum Abendessen noch einen wunderschönen Sonnenuntergang über der Innenstadt serviert.

- Wochenmarkt am Stadtpark, 38102 Braunschweig
- ÖPNV: Bus 418, 422, 423, Haltestelle Stadtpark

JAN
HACKENBERG

Kaffee mit Aussicht

21

Das Hotel Steigenberger im Bürgerpark

Am Wochenende ist es einfach. Dann hat das kleine dunkelrosa Holzhaus, die Okerperle, von 11 bis 17 Uhr geöffnet. Wer zufällig im Bürgerpark entlangspaziert, kann dort eine Limo kaufen und sich damit auf einer der Bierbänke niederlassen. Aber was macht man während der Woche? Wenn man es etwas gehobener mag und sich ein wenig verwöhnen lassen möchte, ist hier die Lösung: Ein paar Meter weiter, auf der Terrasse des Hotels Steigenberger, geht es vornehmer zu, das zeigen bereits die Tische und Stühle. Auf Letzteren liegen Kissen in Rot-Weiß und farblich abgestimmte Decken in denselben Farben.

Die Aussicht auf eine inspirierende kleine Pause mit etwas Abstand vom Alltag lockt auf die Terrasse, denn auch externe Gäste, die nicht im Hotel übernachten, können während der offiziellen Frühstückszeit kommen und sich gegen einen Pauschalpreis am Buffet bedienen oder auch nur einen Kaffee trinken. Dabei lässt sich die herrliche Aussicht auf das gepflegte Parkgelände genießen. Wer Glück hat, bekommt zum Kaffee kleine Schokocrossaints vom Frühstücksbuffet.

Vor der Terrasse fließt die Oker, auf der sich eine Nilgans gemächlich treiben lässt und an deren Rändern die Bäume des Bürgerparks wachsen. Es gibt einen Holzsteg, an dem anlegen kann, wer möchte. Die Bäume spiegeln sich im Wasser, zahlreiche Menschen sind auf der anderen Seite der Oker zu Fuß oder mit dem Fahrrad unterwegs. Um einen herum sitzen Hotelgäste, die draußen frühstücken oder ein Glas Sekt trinken. Externe Gäste sind hier nicht nur zum Frühstück, sondern den ganzen Tag über willkommen. Richtig voll wird es nur, wenn große Tagungen anstehen. Wenn das nicht der Fall ist, ist das grüne Glück im stilvollen Ambiente umso größer.

TIPP

In stilvoller Atmosphäre Kaffee trinken geht im Magniviertel im Café Strupait (Magnitorwall 8).

- Hotel Steigenberger, Nîmes-Straße 2, 38100 Braunschweig, Tel. (05 31) 48 22 20 www.steigenberger.com
- ÖPNV: Bus 419, 429, 461, 620, Haltestelle Am Wassertor

An der Kugelhantel

22 Fitnesstraining im Heidbergpark

Ein kühler Vormittag im Frühling: Für die Kinder einer Schulklasse steht Laufen auf dem Programm. Die Lehrerin stoppt die Zeit. Nacheinander sprinten die Mädchen und Jungen über die markierte Bahn aus weichem Kunststoff. Sie laufen auf dem 130 Quadratmeter großen Fitnesszirkel des Heidbergparks, der modernsten von insgesamt knapp einem Dutzend Freiluft-Trainingsanlagen, die über die Stadt verteilt sind. Mehr als 200 Übungen kann man hier ausführen. Zehn Geräte, die einheitlich in leuchtendem Orange und Schwarz gehalten sind, laden dazu ein. Inmitten der Schulklasse trainiert ein älterer Mann an Kugelhanteln, die an Stangen befestigt sind. Außerdem kann man Seilzug-Übungen für Beine oder Rücken machen, an Stangen Klimmzüge für Rücken, Brust oder Arme oder Dips für die Armrückseite. Schilder mit abgebildeten Übungen sollen die Trainierenden inspirieren. Die Schulklasse geht, ein junger Mann und eine ältere Frau kommen. Er kräftigt seine Muskeln, sie steigt auf ein Fitnessfahrrad.

Wie diese beiden vermutlich auch, suchen die meisten Menschen beim Training vor allem Wohlbefinden, Fitness und Geselligkeit, weniger Wettkampf und Erfolg – das haben Umfragen der Stadt ergeben. Damit sind sie hier und an den anderen vielfach neu aufgebauten Freiluft-Fitnessstationen an der richtigen Adresse.

Neben der Trainingsfläche entlang eines Weges sind einige ältere Geräte aufgereiht. Unter anderem gibt es Bauch- und Armtrainer. Geht man diesen Weg weiter und biegt links ab, blickt man von oben auf den Heidbergsee. Mehrere Bänke laden zu einer Rast ein. Der Kiessee ist zweigeteilt und an der genannten Stelle umgeben von Schilf und Bäumen. Dahinter ragen Häuser auf. Man sieht einzelne Birken, eine Badestelle mit Sandstrand und Wasser. Unterwegs trifft man vor allem Menschen, die ihren Hund ausführen oder mit Nordic-Walking-Stöcken trainieren. Im Sommer bietet der See eine weitere Möglichkeit, sich sportlich zu betätigen.

● Heidbergpark, 38124 Braunschweig

● ÖPNV: Bus 481, Haltestelle Jägersruh; Bus 431, 481, Haltestelle Jüdelstraße

Tee im Kloster

23 Café Kreuzgang in der Brüdernkirche

Treffpunkt ist am Eingang des Elektronikmarktes. „Und hier soll ein Café sein?“, fragt sich mancher skeptisch. Dabei liegt das Café Kreuzgang nur wenige Meter entfernt, schräg gegenüber dem Treffpunkt. Trotz der offenen Holztür ist es nach wie vor ein Geheimtipp in der Stadt. Dabei steht mit Kreide auf einer Tafel am Eingang: „Herzlich willkommen im Café Kreuzgang.“ Das Gebäude gehört zur kleinen Kirchengemeinde St. Ulrici (sprich: Ulrizi). Diese war ursprünglich am Braunschweiger Kohlmarkt beheimatet, die Kirche dort wurde jedoch im 16. Jahrhundert abgerissen. Die Gläubigen fanden in der Brüdernkirche eine neue Heimat. Offiziell heißt sie St.-Ulrici-Brüdern-Kirche und gehörte bis zur Reformation zu einem Franziskanerkloster aus dem 13. Jahrhundert. Natürlich mit einem Kreuzgang, der glücklicherweise noch erhalten ist.

Er rahmt den grünen Innenhof ein, in dem sich das Café befindet, und verwandelt den Ort in eine ruhige und grüne Oase. Der Lärm der Innenstadt ist ganz weit weg. Es hallt höchstens, wenn jemand im Kreuzgang spricht. Früher hatte ein Kreuzgang die Aufgabe, das Kloster mit den Klausurräumen zu verbinden, also mit den Räumen, die den Klosterangehörigen vorbehalten waren, wie beispielsweise dem Speisesaal (Refektorium). Im Kreuzgang war zudem konzentriertes Nachdenken und Meditieren möglich.

Zurück zum Café: Holztische und -stühle stehen auf dem Rasen. Der Innenhof ist gesäumt von kleinen Bäumen und Sträuchern. Vor allem an heißen Tagen schenken die dicken Mauern angenehme Kühle. Das Café hat nur den Sommer über geöffnet. Es gibt Kaffee und Kuchen, vor allem der Erdbeerkuchen sieht verlockend aus, für herzhafte Gelüste sind Suppe, Panini und Butterbrezeln im Angebot. Die Evangelische Stiftung Neuerkerode betreibt das Café, das auf einem inklusiven Konzept basiert.

- Café Kreuzgang, Schützenstraße 22 a, 38100 Braunschweig, Tel. (0 53 05) 20 18 78 www.mehrwerk-esn.de
- ÖPNV: Bus 411, 413, 416, 418, 422, 423, 450, 480, 560, Haltestelle Hintern Brüdern

Weiße Frühlingsboten

24 Buschwindröschen im Timmerlaher Busch

Buschwindröschen, Bärlauch, Schlüsselblumen und Märzenbecher gehören zu den Frühblühern. Sie haben nicht viel Gelegenheit, sich zu entfalten. Nach kurzer Zeit wachsen die Blätter der Laubbäume über ihnen zu und lassen kein Licht mehr durch. Bis dahin bleiben ihnen nur wenige Wochen, um ihre Pracht zu zeigen. Wer sie sehen will, muss deshalb schnell sein und die Phase nach den harten Frösten und vor dem Sprießen der Blätter an den Bäumen erwischen. Je nach Wetter ist das meist bis Mitte März der Fall.

Licht, das den Waldboden erreicht, kündigt nach dem dunklen Winter die warme Jahreszeit an. Es weckt die Frühblüher, auch Geophyten genannt. Blumen brauchen Kohlenstoff, Wasser und Licht, um zu wachsen. Letzteres steht ihnen nur begrenzte Zeit zur Verfügung.

Der Laubmischwald im Timmerlaher Busch ist das Terrain der Buschwindröschen. Der Boden dort sieht kurz vor dem Frühling aus, als würde ein weißer Teppich ausliegen. Am besten ist man hier mit dem Fahrrad unterwegs. Naturinteressierte radeln am ehemaligen Hochseilgarten Monkeyman in das Waldstück. Dafür fahren sie den Madamenweg stadtauswärts bis zum Ende. Nebenan befindet sich das Raffteichbad. Dieser Teil gehört noch zum Westpark, geht aber bald in den 140 Hektar großen Timmerlaher Busch über. Das ist kein großer Wald. Fährt man am Monkeyman geradeaus, kann man die Buschwindröschen, die unter den Klettereinrichtungen üppig wachsen, bewundern. Bei der ersten Möglichkeit biegt man links ab und durchquert das Waldstück Richtung Timmerlah. Der Timmerlaher Busch liegt zwischen Timmerlah, Lamme und Weststadt. Bereits am ersten Abzweig steht eine Bank, die sich für eine Pause anbietet. Vormittags bekommt man dort die Sonne ins Gesicht. Spechte klopfen, Vögel zwitschern und ein gelber Schmetterling fliegt. Eine Gruppe Nordic Walker geht vorbei, auch mit geschlossenen Augen wären sie am Klacken ihrer Stöcke zu erkennen. Gute Idee eigentlich: Die Augen schließen und einfach nur die Sonnenstrahlen genießen.

- Timmerlaher Busch, über Madamenweg Richtung Timmerlah, 38120 Braunschweig
- ÖPNV: Bus 418, Haltestelle Raffteichbad; Bus 450, Haltestelle Raffturm

Tierrechte und Musik

25 Das Café Riptide

Christian Rank lebte bereits vegan, als die meisten Menschen das Wort noch gar nicht kannten: seit Mitte der 1990er-Jahre. Grund dafür war die Punkmusik. Der frühe Einsatz vieler Bandmitglieder für Tierrechte inspirierte ihn damals. Folgerichtig bietet er heute in seinem eigenen Café, dem Riptide, einen veganen Mittagstisch an. Solange der Vorrat reicht, gibt es dienstags bis freitags von 12 bis 14 Uhr pflanzenbasierte Gerichte. Dazu gehören im Herbst zum Beispiel so ausgefallene Speisen wie veganes Hacksteak mit Pfefferrahmsoße, grünen Bohnen und Reis, Bandnudeln mit Champignonsoße und Blattsalat oder gefüllter Hokkaidokürbis mit Spinat und Kichererbsen.

Nicht nur die Küche macht das Riptide aus. Das Café ist gleichzeitig ein Plattenladen, Christian Rank setzt auf Vinyl. Er gilt als wandelndes Musiklexikon und kuratiert seine Auswahl nach dem Motto: Von allem das Beste! Das kann Punk sein, Jazz, Elektro oder Folk. Die Mischung gelingt ihm gut: Selbst das Musikmagazin Rolling Stone hat das Riptide bereits als innovativen Plattenladen empfohlen. Ein eigenes Label krönt das Ganze: Riptide Recordings heißt es.

Das ist aber noch nicht alles, auch die Kultur hat im Riptide eine Heimat: Es gibt Lesungen, Ausstellungen und Konzerte. Die Kreativen haben sich immer schon gerne in dem Café getroffen, da lag es nahe, sie gleich hierzubehalten.

Seit 2020 befindet sich das Riptide am Magnikirchplatz in den großzügigen Räumen eines ehemaligen Bekleidungsgeschäfts. Schön sieht es aus, mit bunten Designerlampen auf dem Tisch, viel Licht dank der großen Fenster und Wänden in Weiß und Dunkelrot.

Am vorigen Standort im Handelsweg in der Nähe des Gymnasiums Martino-Katharineum war es enger: Am Magnikirchplatz hat das Riptide viel Platz und bietet im Sommer zahlreiche Plätze im Freien.

TIPP

Ein paar Schritte weiter befindet sich das Café Makery mit hausgemachtem Kuchenangebot.

- Café Riptide, Ölschlägern 14, 38100 Braunschweig, Tel. (05 31) 2 25 41 77
www.cafe-riptide.de
- ÖPNV: Straßenbahn 4, 5, Haltestelle Am Magnitor

musik
kunst

Idyll am rauschenden Bach

26 Ehemalige Schuntermühle in Bienrode

Wer mit dem Fahrrad oder zu Fuß von Kralenriede nach Rühme unterwegs ist, biegt hinter der Schunter rechts ab, hält sich parallel zur Autobahn und biegt erneut rechts ab, Richtung Bienrode, wo man auf einen idyllischen Kopfsteinpflasterweg trifft. Hier war einst die Hauptverbindung zwischen den Orten Rühme und Bienrode. Damals reiste man in der Kutsche und musste an jeder uneinsichtigen Stelle Angst haben, überfallen und ausgeraubt zu werden. Heute kann man den Weg bis nach Bienrode und zur ehemaligen Schuntermühle am Ortseingang unbesorgt entlangradeln oder -laufen. Von der Mühle sind allerdings nur noch Fragmente an der Hausmauer übrig. Wenige Meter weiter gibt es eine Bäckerei. Eine hölzerne Bank ein paar Meter zurück am Wegesrand bietet sich für eine Essenspause und einen zweiten Blick auf die hohen alten Bäume an, an denen es eben vorbeiging.

Dort lässt sich angenehm reflektieren, wo man sich befindet: Der Weg ist eine historische Besonderheit, genau wie die ehemalige Mühle. Sie war eine der größten Wassermühlen der Gegend, in ihr wurde bis zur Stilllegung 1960 gemahlen. Zum ersten Mal wird sie im Jahr 1311 erwähnt, heute ziert ein Mühlrad das Wappen Bienrodes.

Der Braunschweiger Schriftsteller Wilhelm Raabe schrieb 1884 den Roman „Pfisters Mühle" und hatte dabei die Schuntermühle vor Augen. Er kritisierte darin, dass der Fluss durch die ungeklärten Abwässer einer nahen Zuckerfabrik verschmutzt wurde.

Das Klappern der „Mühle am rauschenden Bach" kam vom Dosieren der Menge des gemahlenen Getreides. Je nachdem, wie viel Wasser es gab, konnte Getreide gemahlen werden. Um die Mühle zu betreiben, wurde die Schunter gestaut und der Mühlengraben errichtet. Heute muss kein Mühlrad mehr angetrieben werden. Damit die Mühle, ein auf Holzpfählen errichtetes Gebäude, stabil bleibt, benötigt sie aber weiterhin Wasser. Dafür wurde der Mühlengraben verlängert und weiterhin mit Wasser versorgt. Die Schunter fließt seit vergangenem Jahr naturnah.

- Ehemalige Schuntermühle, Altmarkstraße, 38110 Braunschweig
- ÖPNV: Bus 424, 464, Haltestelle Dammwiese

Alte Technik, frische Puffer

27

Das Museum Gut Steinhof

Es ist Erntedankfest auf Gut Steinhof. Das Landtechnik-Museum hat immer samstags geöffnet, außer im Winter. Darüber hinaus werden regelmäßig Veranstaltungen angeboten, bei denen man alte Geräte im Einsatz sieht, wie beim Erntedankfest. Dabei ist das Gut an sich schon sehenswert: Es stammt aus dem 16. Jahrhundert, ist gesäumt von alten Fachwerkgebäuden und gepflastert mit Kopfsteinen. Auf einem alten Holzwagen sind anlässlich des Erntedankfestes verschiedene Kürbissorten und Blumentöpfe mit weiß und lila blühender Heide aufgebaut, umrahmt von Sonnenblumen und Getreide.
Kinder können Springseile herstellen. Dafür wird jeweils eine lange Schnur mehrfach zwischen zwei Kurbeln entlanggeführt, jede so entstandene Schnur verdrillt und am Ende alles zusammengedreht. Die Väter stehen derweil gebannt vor einem alten Traktor und bestürmen den Fahrer mit Fragen. Der Traktor wurde im Zweiten Weltkrieg vom Braunschweiger Unternehmen MIAG Fahrzeugbau hergestellt und statt mit damals rationiertem Benzin oder Diesel mit Buchenholz betrieben. Die Holzstückchen wurden zu Gas verschwelt.
Unterdessen ist Mittag geworden. Die Schlangen vor den Ständen mit Essen sind lang, denn was wäre ein Erntedankfest ohne Kartoffelpuffer mit Apfelmus? Das Warten lohnt sich, sie sind selbst gemacht und köstlich.
Einige Meter weiter sitzen zwei Frauen und spinnen. Die Schafwolle, die sie dafür verwenden, ist industriell vorgearbeitet. Wie sinnvoll das ist, sieht man an der Frau neben ihnen, die unbehandelte Schafwolle auf Nadeln spannt, welche um eine Rolle führen. Sie erzählt, dass sie die Wolle selbst wäscht und verarbeitet, was oft zu Knötchen führt.
Auf dem Acker werden unterdessen alte Maschinen vorgeführt. Eine Dreschmaschine aus Holz löst unter lautem Rattern Körner vom Getreide. Eine modernes Exemplar würde das Getreide zugleich abschneiden, aber das ging früher nicht. So ein Tag auf dem Gut zeigt, wie nah an der Natur unsere Vorfahren einst lebten und arbeiteten.

TIPP

Vom Acker sind es nur wenige Schritte bis zur Vogelbeobachtungsstation (Glücksort 36).

● Förderkreis Gut Steinhof e.V., Celler Heerstraße 336 a, 38112 Braunschweig
www.gut-steinhof.de
● ÖPNV: Bus 480, Haltestelle Steinhof

STAHL- LANZ
HOLZ MIAG GAS

Spaziergang mit Federung

28 Der Bienroder See

Baden ist im Bienroder See verboten, aber spazieren gehen lohnt sich. Der See im Norden Braunschweigs zwischen Bienrode und Waggum ist angenehm weitläufig und bis zu 18 Meter tief. Unter anderem schwimmen Zander, Aale und Hechte darin. Er ist attraktiv für Fischer, deren Vereinigung auch ein Stück des Sees gehört. Sie teilen ihn sich mit der evangelischen Kirche und der Stadt. Trotz der Bade-Einschränkung mausert sich der Bienroder See aktuell zum Naherholungsgebiet. In ihm befinden sich Altlasten wie Bunkerteile und Geräte des früheren Kiesabbaus, was das Reinspringen gefährlich macht. Doch nicht alle halten sich an das Badeverbot auf den zahlreichen Schildern. Eine Änderung zum „Baden auf eigene Gefahr" wollte die Stadt angesichts der Gefahren nicht mitmachen – obwohl der zuständige Architekt beim Umbau in den 1970er-Jahren Badestellen vorgesehen hatte und in Braunschweig Möglichkeiten fehlen, abseits der Freibäder zu schwimmen. Offiziell erlaubt ist das Baden nur im Kennel-Bad, geduldet wird es am Heidberg-See, allerdings ohne dass eine Aufsicht ein wachsames Auge auf die Schwimmenden hat. Dabei ist die Wasserqualität in allen drei genannten Seen gut, auch im Bienroder See: Es gibt weder Blaualgen noch Darmbakterien, wie die regelmäßigen Proben des Gesundheitsamts zeigen. Von der Südspitze des Sees hat man von einer Bank auf einer Wiese einen guten Überblick über die Umgebung. Ist man im Osten unterwegs, führt ein Pfad zunächst auf Kies, dann auf gehäckselten Holzstücken um den See. Der Untergrund ist weich und federnd. Schön ist das.

Der See wird von Bäumen und Sträuchern eingefasst, dazwischen gibt es freie Blicke aufs Wasser. Drum herum befinden sich zahlreiche Felder, nördlich fließt der Beberbach. Zu den Sandstellen am Rande des Sees führen Trampelpfade. Im Nordosten steht ein Tisch mit Bänken, nützlich für alle, die während der See-Umrundung auch mal pausieren wollen.

- Bienroder See, Im Großen Moore, 38110 Braunschweig
- ÖPNV: 424, 464, Haltestelle Im Großen Moore

Dinosaurier aus Afrika

29

Naturhistorisches Museum

Ein grüner Glücksort, der sich bei Regenwetter anbietet, ist das Naturhistorische Museum. Ein Highlight der Ausstellung ist der Sauropode. Er wird in einem eigenen Raum im zweiten Stock gezeigt. Allein Ober- und Unterschenkel entsprechen der Größe einer durchschnittlichen erwachsenen Person. Insgesamt kommt das Tier auf 20 Meter Länge und 18 bis 20 Tonnen Gewicht – etwa so viel wie drei ausgewachsene männliche Elefanten. Die Sauropoden stehen nach den Brachiosauriern an zweiter Stelle der größten Dinosaurier. Zum Glück aller anderen fraßen beide Arten nur Pflanzen.

Die Knochen des Sauropoden hat unter anderem der Direktor des Museums in den Jahren 2007 und 2008 in der afrikanischen Republik Niger ausgegraben. In Gips gesichert, der sich nach der Ankunft in Braunschweig leicht mit Schwamm und Wasser lösen ließ, kamen sie hierher. Das Institut für Robotik und Prozessinformatik scannte die Knochen und druckte sie dreidimensional aus – so entstand die zusammengebaute Replik des Dinosauriers in Originalgröße.

TIPP

Essen mit grandioser Aussicht: Im selben Gebäude befindet sich das italienische Restaurant La Cupola.

Spannend ist auch dessen Nachbarschaft, obwohl die Lebewesen, um die es in diesen Räumen geht, deutlich kleiner sind. Es sind Vögel. Man kann unter anderem die Stimmen der Tiere hören, die sich bei uns am Feldrand, im Wald, in der Innenstadt oder in Parks aufhalten. In Parks sind das Vögel wie Pirol, Buntspecht, Ringeltaube, Grünfink oder Rotkelchen. Die Tiere sind als Präparate ausgestellt.

Im Museum lernt man, dass nur der männliche Kuckuck auch wirklich Kuckuck ruft und die Kraniche ab Ende September, unter anderem aus Norwegen, Schweden und Lettland kommend, über uns hinweg in den Süden ziehen.

An Wochentagen besuchen morgens oft Schulklassen das Museum. Jungen und Mädchen aller Altersklassen gehen staunend durch die Säle und nutzen die digitalen Angebote des Hauses. Ob ihnen bewusst ist, dass sie an einem richtigen Glücksort lernen können?

● Naturhistorisches Museum, Pockelsstraße 10, 38106 Braunschweig, Tel. (05 31) 12 25 30 00, www.3landesmuseen-braunschweig.de
● ÖPNV: Bus 419, 429, 433, Haltestelle Pockelsstraße

Überraschender Besuch

30 Das Freibad Waggum

Naturnähe kann man in diesem Freibad mitunter durchaus wörtlich verstehen. Ein grasgrüner Frosch schwimmt im Wasser. Der einzige weitere Badegast bleibt angesichts dieser Gesellschaft gelassen. Es ist Mittagszeit und kurz vor Saisonende, deshalb ist es ruhig im Freibad. Das glatte Wasser glitzert blau in der milden Spätsommersonne. Der Frosch befindet sich auf Augenhöhe des Schwimmers. Entspannt erklärt dieser, das Chlor tue dem Tier bestimmt nicht gut, nimmt es auf die Handfläche und hilft ihm hinaus.

Gemütlich ist das Freibad Waggum. Vor allem Familien mit kleinen Kindern fühlen sich hier wohl. Für sie gibt es eine Wasserrutsche in Form eines weißen Elefanten, einen Wasser- und einen Sandspielplatz. Dafür müssen die Jugendlichen auf waghalsige Sprünge mangels Sprungturm verzichten – vielleicht ist ein gekonnter Aufschlag auf dem Volleyballfeld eine Alternative? Oder sie kickern eine Runde? Die Jugendlichen kommen bestimmt ohne Ruheplätze zurecht. Ältere Schwimmende freuen sich dagegen mit Sicherheit über die bereitgestellten Bänke, die mit Sonnenschirmen geschützt werden. Fest steht: Die Ruhe umarmt hier das Herz. Man kann zeitlose Stunden verbringen und auf das schimmernde Wasser schauen.

TIPP

Alternativ bietet sich ein Spaziergang am Bienroder See (Glücksort 28) an.

Das Schwimmbad ist nicht beheizt, bis 8 Uhr morgens wird entschieden, ob es warm genug ist, um zu öffnen. Wenn es grünes Licht gibt, ist von 11 bis 19 Uhr geöffnet. Das mit dem grünen Licht ist übrigens auch wörtlich gemeint: Das Freibad gehört zur Stadtbad Braunschweig GmbH, eine Bäderampel auf deren Webseite zeigt täglich an, ob es geöffnet wird.

Die Flugzeuge vom nahen Flughafen kann man hören, zum Glück fliegen sie nicht oft. Die entspannte Atmosphäre überwiegt. Ein Besuch lohnt sich.

● Freibad Waggum, Nordendorfsweg 1 a, 38110 Braunschweig,
Tel. (05 31) 48 21 05 80, www.stadtbad-bs.de
● ÖPNV: Bus 413, 424, Haltestelle Breitenhop

1,85 m

Sundowner im Kanu

31 Der Fluss Oker

Wer Braunschweig kennenlernen möchte, kann dies besonders gut vom Wasser aus tun. Bei zahlreichen Verleihstationen bekommt man Kanus, Tret- oder Paddelboote, von denen aus sich ein wunderbares Panorama zeigt. Die Luft riecht angenehm feucht und nach Blättern. Die Bäume spiegeln sich im Wasser des Flusses Oker. Es ist Herbst geworden, der Tag sonnig. Trotzdem: Wer seinen Feierabend auf der Oker verbringen will, nutzt am besten die wärmeren Monate, um nicht zu frieren.
Mit einem Kanu geht es am Südsee vorbei, Richtung Wolfenbüttel. Der ruhige Süden ist ideal zum Abschalten. Fehlt nur noch ein Drink als Sundowner und ein Plätzchen zum Anhalten. Ohne Verankerung spürt man eine leichte Strömung und treibt langsam zurück, Richtung Innenstadt. Im Kanu liegt normalerweise kein Anker, was also tun, wenn man auf dem Wasser anhalten und in Ruhe an seinem Platz bleiben will? Am besten, man sucht sich einen Steg oder bindet sich an einem Ast fest. Für Letzteres ist ein mitgebrachtes Seil hilfreich.
Die Oker entspringt am Bruchberg im Oberharz und teilt sich im Süden Braunschweigs in zwei Wasserarme, die den alten Stadtkern umschließen. Nach 125 Kilometern mündet sie bei Müden in die Aller. Im Harz wurde Bergbau betrieben, daher befinden sich in den Sedimenten der Oker Schwermetalle.
Im Mittelalter schützten die Wasserarme die Stadt als Teil der Befestigung zusammen mit den Wällen vor Plünderern. Diese Verteidigungsanlage wurde aufgegeben, stattdessen entstand in der ersten Hälfte des 19. Jahrhunderts der Wallring, ein Ensemble aus Parks, Promenaden und Plätzen. Zahlreiche Großbauten wie das Theater und Villen des Klassizismus und Historismus bestimmen heute das Bild. Dazu kommen Parkanlagen wie der Theater- und Museumspark (Glücksort 5). Alle, die viel sehen wollen, fahren hier, östlich der Innenstadt. Ohnehin ist Braunschweig am schönsten vom Wasser aus. Wer eine entspanntere Tour bevorzugt, kann sich auch auf einem Floß bei einer Stadtführung zurücklehnen.

- Kanuverleih an der Oker, z. B. OkerTour, Tel. (05 31) 2 70 27 24, www.okertour.de
- ÖPNV: Straßenbahn 1, 2, 10, Bus, u. a. 419, Haltestelle John-F.-Kennedy-Platz; Straßenbahn 3, Botanischer Garten

Satte Hirsche

32 Damwildgatter Buchhorst

Ein spontaner Ausflug ins Grüne, bei dem man die Chance hat, auch Tieren zu begegnen, führt in Braunschweig zum Damwildgatter Buchhorst. Wie angenehm fühlt sich immer die weiche Schnauze der Tiere an, wenn diese mitgebrachte Leckerlis vorsichtig vom Handteller nehmen. Dabei werden Rehe und Hirsche oft verwechselt und das kommt so: Literarische Grundlage für den amerikanischen Film Bambi war ein Buch aus Österreich. In den USA gibt es aber keine Europäischen Rehe, deshalb wurde bei Walt Disney ein Hirsch daraus. Mit der Rückübersetzung ins Deutsche schlich sich ein Fehler ein: So wurde Bambi zum Rehkitz, sein Vater blieb ein Hirsch. Deshalb werden Hirsche noch heute oft fälschlicherweise für männliche Rehe gehalten, obwohl es sich um zwei unterschiedliche Arten handelt. Rehe sind die kleinste Hirschart. Wer sichergehen will, ob er einen jungen Hirsch oder ein Reh vor sich hat, schaut sich das Tier am besten von hinten an: Rehe haben keinen Schwanz.

Die Tiere in der Buchhorst dagegen schon. Das dortige Gehege beherbergt mittelgroße Damhirsche. Ob diese sich mit einem Mitbringsel aus der Natur, vielleicht ein paar Eicheln, füttern lassen? Es ist einen Versuch wert.

Der Weg führt vom Parkplatz der Gaststätte Grüner Jäger, neben dem Waldforum Riddagshausen, über die Ebertallee in den Wald. Dort befinden sich ungefähr sechs Tiere. Sie sind noch klein, tragen überwiegend kein Geweih. Man könnte sie ohne Weiteres für Rehe halten. Sie heißen aber Damhirsch (männlich) und Hirschkuh (weiblich), wie ein Zettel verrät. Dort steht auch, sie würden gut versorgt, wovon der Berg Heu im Gehege zeugt. Es wird also schwer sein, die satten Tiere anzulocken. Wer dennoch gerne etwas Essbares zum Wildgatter mitbringen will, sollte laut Infozettel Grünzeug wählen wie Gräser, Kräuter, Blumen, Apfelstücke oder Brombeeren. Falls das Interesse daran nicht so groß ist, sind die Tiere aber immer schön zu beobachten.

- Damwildgatter Buchhorst, Wabe-Schunter-Beberbach, 38104 Braunschweig
- ÖPNV: Bus 418, Haltestelle Riddagshausen/Grüner Jäger

Shoppen mit gutem Gewissen

33 Jojeco im Magniviertel

Wer das Geschäft Jojeco betritt, kann sich auf kompetente Beratung und eine große Auswahl freuen. Eine besonders lange Hose? Kein Problem. Johannes steuert zielstrebig auf einen Stapel mit Hosen zu, zieht eine davon raus, reicht sie zum Probieren – und sie passt wie angegossen. Die Lieblingsfarbe Türkis wählt er automatisch, ohne einen zusätzlichen Hinweis.

So kann Einkaufen in Online-Zeiten auch gehen. Ohne Hin- und Herschicken von Päckchen und ohne schlecht bezahlte Paketboten, dafür mit einer umweltfreundlichen Intention. Wichtig ist den Inhabern ein faires Miteinander, Respekt und Verantwortung, nicht nur gegenüber der Umwelt, sondern auch gegenüber Menschen und Tieren. Sie bieten eine Auswahl an Labeln, die bei ihren Produkten soziale Richtlinien einhalten und diese im Einklang mit der Natur herstellen. Die Birkenstämme im Laden weisen auf diese Nähe hin. Schwerpunkt des Angebotes ist Street-, Urban- und Sportswear. Dabei beweisen die Kollektionen, dass nachhaltige Mode modern und schön sein kann, nicht kratzig, altbacken und öde. Wichtig ist Jojeco die hohe Qualität und Langlebigkeit der Kleidungsstücke, sie sollen ihre Kundschaft lange begleiten. Das Geschäft selbst gibt es inzwischen schon eine ganze Weile, es eröffnete im Mai 2015.

Das Jo in Jojeco steht übrigens für Johannes, einen der Gründer, den man meist im Geschäft im Magniviertel antrifft. Er hat Jojeco zusammen mit seiner Frau Kerstin und seinem Freund Jens gegründet. Seine Frau geht inzwischen geschäftlich eigene Wege: Sie führt das kleine Café, das sich ebenfalls im Magniviertel befindet und natürlich biologisches Essen anbietet (Glücksort 13).

Übrigens: Mittlerweile gibt es eine zweite Filiale von Jojeco in der Münzstraße. Dort werden vor allem Schuhfans glücklich, denn die Filiale hat sich auf Accessoires wie Schuhe und Taschen spezialisiert.

● Jojeco fairfashion, Ölschlägern 30, 38100 Braunschweig, Tel. (05 31) 20 97 92 87
www.jojeco.de
● ÖPNV: Bus 420, 620, 730, Straßenbahn 1, 2, 3, 5, 10, Haltestelle Schloss

ECOALF

Fische im Blick

34 Die Brücke an der Schuntersiedlung

Die Brücken über den Fluss Schunter sind alle schön. Eine der am besten gelegenen Brücken befindet sich östlich der Schuntersiedlung, westlich von Querum, in Verlängerung der Ottenroder Straße oder des Wöhrdenwegs – je nachdem, aus welcher Richtung man kommt. Man kann die Brücke in der Schunteraue mit dem Rad oder zu Fuß überqueren, Autos sind weit weg. Unterwegs, von den diversen Pfaden und Wegen aus, sieht man hochgewachsene Gräser. Die Schunter wird von Bäumen gesäumt. Vögel singen. Es ist überall grün und absolut idyllisch.

Steht man auf der hölzernen Brücke, kann man die zahlreichen Fische im Fluss beobachten. Sie schwimmen im Wasser an einer Stelle, als ob sie dort stehen würden. Die Schunteraue wurde an dieser Stelle auch mal als Untere Hölle bezeichnet, vielleicht weil der Untergrund früher sumpfig war. Davon merkt man heute nichts mehr. Wer eine Pause machen möchte, findet weiter östlich Richtung Querum eine Bank.

Die Schunter entspringt im Elm und fließt in die Oker. Sie ist der zweitgrößte Fluss in Braunschweig, mit insgesamt 58 Kilometern. Etwa zwei Drittel davon sind renaturiert, das heißt, die Schunter darf wieder natürlich in Schleifen verlaufen und die Flächen rechts und links des Flusses, die Auen, werden überschwemmt, falls der Fluss über die Ufer tritt. Auf diese Weise ist es gelungen, der vielfältigen Flora und Fauna im Gewässer wieder zu neuem Leben zu verhelfen. In der Nähe der Brücke fließen die Bäche Wabe und Mittelriede in die Schunter.

Dieser Abschnitt ist noch nicht renaturiert. Macht nichts, schön und ruhig ist er trotzdem und für alle, die mit dem Fahrrad unterwegs sind, das ideale Verbindungsstück von der Schuntersiedlung oder dem Dowesee (Glücksort 10) nach Querum oder andersherum.

TIPP
Zum Essen bietet sich das Eiscafé & Pizzeria Roni an (Ottenroder Straße 59).

- Brücke östlich der Schuntersiedlung, 38108 Braunschweig
- ÖPNV: Bus 416, 426, 436, 464, Haltestelle Tostmannplatz (10 Minuten zu Fuß über Riekestraße)

Wasserfest mit Bayern-Flair

35 Der Löwengarten im Prinz-Albrecht-Park

Wer sich für Fußball interessiert, kennt den Löwengarten im Prinz-Albrecht-Park. Er liegt im Grünen, auf einer Höhe zwischen Marienstraße und Comeniusstraße. Doch auch wer mit Fußball weniger am Hut hat, wird sich hier wohlfühlen. Im Löwengarten treffen sich Menschen aller Altersgruppen und Schichten. Sie leben die bayerische Biergartenkultur. Entsprechend sieht auch die Karte des Biergartens aus: Dort findet man Brezen genauso wie Obatzden (eine Käsezubereitung aus verschiedenen Sorten wie Camembert, Gewürzen und Butter) oder Leberkäse. Wer nicht bayerisch essen will, holt sich am Tresen Pizza oder Currywurst.

Natürlich: Wenn Heimspiele oder andere wichtige Turniere anstehen, kann man diese auf der Leinwand mitverfolgen. Der Biergarten und das dazugehörige Lokal sind zudem Vereinsheim der Freien Turner und ihrer Fußballmannschaften. Man kann sich auch einfach freuen, dass man mitten im Park sitzt. Der Ort ist allerdings für Fußballfans durchaus ein besonderer: Vom Biergarten sieht man das Konrad-Koch-Stadion, benannt nach Konrad Koch, der dafür sorgte, dass Fußball in Deutschland seinen Anfang nahm. Konrad Koch war Lehrer am Braunschweiger Gymnasium Martino-Katharineum. Er führte 1874 das Fußballspiel in Deutschland ein. Seinen Schülern wollte er damit Disziplin und Teamgeist vermitteln. Im Film „Der ganz große Traum“ von 2011, mit Daniel Brühl in der Hauptrolle, wird das anschaulich dargestellt. Der Film ist auch für Nicht-Fußballfans sehenswert.

An diesem Tag regnet es. Davon unbeeindruckt öffnet der Biergarten wie jeden Wochentag um 16 Uhr. Der Mann am Tresen lacht. Auf das schlechte Wetter angesprochen, erklärt er, sie hätten nur geschlossen, wenn es Hunde und Katzen regnet. Die Sonnenschirme halten dicht und zudem gibt es überdachte, zur Seite offene Holzhütten. Man sitzt dort trocken und angenehm auf Polstern. Gemütlich ist das – auch ohne Fußball.

● Löwengarten Braunschweig, Herzogin-Elisabeth-Straße 78, 38104 Braunschweig, Tel. (0 53 03) 95 84 00, www.loewengarten.com
● ÖPNV: Bus 418, 422, 423, Haltestelle Nussbergstraße

MITGLIED
des Zuchtverbandes
Miesbach
fritz-kola
Bayerische Schmankerl
Nur Hier
Hepe Hugo
Kartoffel Puffer
wen Ausgabe

Brandgänse im Blick

36

Vogelbeobachtungsstation Okeraue

In die Holzwand sind Klappen auf Kopfhöhe eingebaut. Sie sorgen dafür, dass die Gäste die Vögel beobachten können, ohne diese zu stören. Die Okeraue erstreckt sich weit über 320 Hektar östlich der Celler Heerstraße. Zur Vogelbeobachtungsstation fährt man am besten mit dem Fahrrad und östlich der Straße. Am Rand des dortigen Feldwegs wachsen alte Eichen – der ideale Auftakt für das Naturschutzgebiet. Auf der Fläche der Okeraue befindet sich Wasser, das zahlreichen Vögeln als Rast-, Brut- und Nahrungsstätte dient. Viele von ihnen nutzen die Aue während ihres Durchzugs im Frühjahr oder Herbst. Hier mäandert die Oker, sie ist es aber nicht, die das Wasser liefert. Gespeist wird die typische Flussauenlandschaft vom Okerauekanal, der Wasser durch die Rieselfelder bekommt. Zu ihr gehören Wälder mit Weichholz wie Weiden, Erlen und Pappeln, aber auch Steilufer und Sümpfe. Die Aue kann auch anders. Dann nämlich, wenn sie trockenfällt und nicht nur „Schwarzfläche“ genannt wird, sondern diesem Namen ohne Pfützen auch alle Ehre macht. Die Okeraue gibt es seit 2008, hinzugekommen ist vor einigen Jahren, 2017, die Vogelbeobachtungsstation. Hier kann man das ganze Jahr über Brandgänse beobachten. Sie sind etwas kleiner als die stärker verbreiteten Graugänse und bunt. In Braunschweig befindet sich das größte Vorkommen an Brandgänsen im deutschen Binnenland. Eigentlich leben die Vögel bevorzugt an der Küste, aber mindestens 160 Tiere hat es hierher verschlagen. Wer Glück hat, sieht einen Seeadler. Es lohnt sich also, die Augen offen zu halten. Das schenkt einem Momente der Zufriedenheit. Ein Aussichtsturm, um weitere Vögel zu beobachten, befindet sich im Naturschutzgebiet Riddagshausen am Mittelteich.

TIPP

Auf Gut Steinhof (Nummer 27) ist zu sehen, welche landwirtschaftlichen Maschinen einst genutzt wurden.

● Vogelbeobachtungsstation Okeraue, 450 Meter nördlich von Gut Steinhof, Celler Heerstraße 336 a, 38112 Braunschweig
● ÖPNV: Bus 480, Haltestelle Steinhof

SWISSWOOL
INSIDE

Spechte und alte Eichen

37 Ahrenrieder Teich im Querumer Forst

Die Wälder in Deutschland werden in der Regel bewirtschaftet. Sie bestehen überwiegend aus Fichten und sind artenarm. Ganz anders verhält es sich in der Gegend um den Ahrenrieder Teich im Querumer Forst. Im Volksmund wird der Teich Panzerteich genannt, was natürlich seinen Grund hat: Er wurde 1973 von der Pionierkompanie der Bundeswehr ausgehoben. Im Querumer Forst gibt es einige Tümpel, ehemalige Bombenkrater aus dem Zweiten Weltkrieg, die heute, vollgelaufen mit Wasser, als Biotope für verschiedene Molch- und Lurcharten dienen wie den seltenen Kammmolch. Zurück zum Ahrenrieder Teich: Früher konnte man ganz um ihn herumgehen, das ist heute nicht mehr möglich, er ist teilweise zugewachsen. Stattdessen kann man sich auf eine der Bänke am Teich setzen. Die Holzbänke sind inzwischen verwittert. Um den Teich herum hat sich ein natürlicher Wald gebildet, der von der Forstwirtschaft ungenutzt und sich selbst überlassen bleibt: eine Naturwaldparzelle. Dazu gehören Laubbäume wie alte Eichen und Buchen. Diese alten Bäume wiederum ziehen Insekten und verschiedene Spechtarten an, darunter den eher seltenen, etwa 20 Zentimeter großen Mittelspecht. Seine Kopfoberseite ist rot, sein Gefieder schwarz-weiß gestreift, bis auf eine hellrote Stelle am Schwanz. Leider ist diese Spechtart nicht sehr sangesfreudig.

Wer am Abend kommt, kann diverse Fledermausarten beobachten, wie Fransenfledermaus, Braunes Langohr oder Große und Kleine Bartfledermaus. Viele davon sind geschützt. Es ist gar nicht so einfach, zum Ahrenrieder Teich zu finden. Am besten radelt man vom Stadtteil Querum den Waggumer Weg durch den Forst. Hat man die Janus-Skulptur erreicht, den römischen Gott des Anfangs und des Endes, ist man schon ein Stück zu weit gefahren. Noch davor biegt man links und gleich wieder links ab – und befindet sich vor dem Teich.

- Querumer Forst, 38108 Braunschweig
- ÖPNV: Bus 413, 433, 464, Haltestelle Zum Zoll

Radpause mit Limo

38

Ehemaliger Westbahnhof am Ringgleis

Birken mit weißen schlanken Stämmen wachsen in die Höhe, dazwischen blitzt die Sonne. Blaubeersträucher wuchern über stillgelegte Gleise. Wer das Ringgleis umrundet, hält am besten auf Höhe des ehemaligen Westbahnhofs inne, setzt sich auf eine der Bänke und lässt die Umgebung auf sich wirken. Hier kann man gut an die erste Initiative in Sachen Ringgleis zurückdenken: An dieser Stelle nahm es mit seinem heutigen Gesicht nämlich 2003 seinen Anfang. Seit 2019 führt der Rad- und Fußweg auf rund 22 Kilometern ringförmig um Braunschweig herum und bietet dabei nicht nur jede Menge grünen Freiraum, sondern zeugt auch von einem Stück Industriegeschichte.

Mit dem Bau der Schienen, 1886, begannen die Güterzüge auf dem Ringgleis zu rappeln. Bis zu 60 Unternehmen waren dank dieses Gleises zeitweise an die Bahn und damit an den ehemaligen Braunschweiger Hauptbahnhof angebunden. An der Art der Unternehmen lässt sich erkennen, was in Braunschweig damals alles hergestellt wurde: Kohle, Ziegel, Holz, Fahrzeuge, Maschinen und Lebensmittel. Vor allem im Westen siedelten sich viele Unternehmen an, die Gleise, die man heute sieht, waren Teil der Wirtschaftsinfrastruktur. Das Ringgleis trennt sich am Westbahnhof und ist geteert. An anderen Stellen hat der Weg eine sandige Unterlage.

TIPP

Zu einer Pause am Westbahnhof 1 b lädt die Cafébar Spunk.

Für die Fußgänger geht es vorbei an Sportgeräten. Man hört das Lachen der Mädchen und Jungen, die sich auf dem mit Graffiti besprühten Skaterpark tummeln, sieht den mutigen Kletternden der Fliegerhalle zu oder gönnt sich eine Kugel Black-Mamba-Eis bei Coneys Eisland. Die Sorte wird mit Kokosnussschale auf natürliche Weise schwarz gefärbt. Man kann sich auch einfach ins dortige Café setzen, sich die Sonne ins Gesicht scheinen lassen, den geschichtsträchtigen Ort auf sich wirken lassen und die Fülle des Lebens genießen.

● Ringgleis, 38118 Braunschweig, www.braunschweig.de/ringgleis

● ÖPNV: Bus 423, Haltestelle Westbahnhof

.spunk
CAFEBAR
HEIMBS
HEIMBS

Hausgemachter Kuchen

39 Der Biergarten im Hotel Aquarius

Lage, Lage, Lage – diese drei Punkte, eigentlich einen, nannte Conrad Hilton, US-amerikanischer Gründer der Hilton-Hotelkette, als er nach den drei wichtigsten Kriterien beim Kauf einer Immobilie gefragt wurde. Die Lage könnte beim Hotel Aquarius nicht besser sein: in der beliebten Buchhorst, im Osten von Braunschweig, mit langer Zufahrt von der Straße, sodass man den Verkehrslärm nicht hört. Gut so, denn die nächstgelegene Straße ist die viel befahrene Ebertallee.

Dann der Kuchen: Er ist hier hausgemacht und schmeckt hervorragend. Ob Pflaumen- oder Mandarinen-Schmand-Kuchen, alle Sorten sind ein Gaumenschmaus. Der Service dazu ist schnell, professionell und freundlich. Im Biergarten kann man unter zwei hohen Kastanienbäumen sitzen und neben dem Kuchen verschiedene Getränke genießen. Die Aussicht geht dabei auf einer Seite zu den Laubbäumen der Buchhorst. Wie der Name Buchhorst schon andeutet, wachsen dort vor allem Buchen, dazwischen stehen Eichen und Ahorn. Wer Zeit hat, geht spazieren, die Wege dafür beginnen vor der Tür.

Zum Spazierengehen hat an diesem Tag allerdings niemand Lust. Die Gäste sind fasziniert von einer Schafherde, die sich nebenan befindet. Sie gehen an den Zaun, den die Schäfer gerade ziehen, zücken ihre Handys und staunen. Den Kleinen gefällt diese unverhoffte Abwechslung besonders. Die Jungen und Mädchen sind zahlreich, gehört zum Hotel doch auch ein Hallenbad, in dem Schwimmkurse stattfinden.

Zurück zum Biergarten. Was auffällt, ist die saubere, angenehme Luft, was natürlich mit der Lage zusammenhängt und doch einen Spaziergang nahelegt: Auf einer Allee mit alten Bäumen geht es das Waldstück entlang, das etwa 250 Hektar umfasst. Wer noch weiter gehen will, spaziert in das Naturschutzgebiet Riddagshausen (Glücksort 67), zu dem der nördliche Teil der Buchhorst gehört.

- Hotel Aquarius, Ebertallee 44 g, 38104 Braunschweig, Tel. (05 31) 2 71 90 www.hotel-aquarius.de
- ÖPNV: Bus 430, 730 bis Schöppenstedter Turm; Bus 418 bis Grüner Jäger (je 15 Minuten zu Fuß)

AQUARIUS

Blässhuhn & Haubentaucher

40 Der Moorhüttenteich

Ein Weg führt um den Teich. Das Ufer ist an vielen Stellen dicht mit Bäumen bewachsen. Auf dem Weg kann man spazieren gehen oder, wenn man sportlich ambitioniert ist, mit dem Fahrrad fahren. Es geht abwechslungsreich auf und ab. Mehrere Abstecher führen zu Bänken, auf denen man Blässhühner auf dem Teich beobachten kann und schnatternde Haubentaucher. Der Alltag mit überfüllten elektronischen Postfächern und langen To-do-Listen fühlt sich dabei schnell weit weg an. Über einer der Bänke wächst ein Kirschpflaumenbaum, dessen leuchtend rote Früchte wie kleine Lampions aussehen. Auf der Bank kann man das Schilf am Ufer bestaunen sowie die Holzpfähle, die aus dem Wasser ragen. Ein schöner Ort, um Ruhe zu finden und abzuschalten. Baden ist in dem Biotop verboten. Den gegebenenfalls angefallenen Abfall nimmt man wieder mit, denn Mülleimer gibt es keine. Neu angelegt wurden Bienenhotel, Blühwiesen und ein Teil des Weges mit Holzbrettern. Es gibt junge Obstbäume.

Der Teich ist eine ehemalige Tongrube in Braunschweig-Volkmarode. Dort befand sich die Ziegelei Moorhütte des ehemaligen Braunschweigers Friedrich Vieweg. Sie produzierte Ziegel für den Bau seines Verlagshauses, des heutigen Landesmuseums am Burgplatz. Die Ziegelei wurde 1799 gegründet und fast 200 Jahre später stillgelegt. An ihrer Stelle steht heute die Moorhütten-Siedlung.

2018 sanierte die Umweltschutzorganisation BUND den Moorhüttenteich und seine Umgebung. Sie ist auch Pächter. Das Gewässer lag in einer Fläche, die bis dahin ungefähr 60 Jahre lang unberührt war und in der sich ein kleines Wäldchen etabliert hatte. Das Team des BUNDs schnitt Pflanzen im Uferbereich zurück und entfernte Ablagerungen im Teich. Ziel war es, dass dieser nicht zu früh trockenfällt und die Tiere und Pflanzen überleben können, die auf den Teich angewiesen sind.

- Moorhüttenteich über Kruseweg, 38104 Braunschweig
- ÖPNV: Straßenbahn 3, Bus 417, 427, Haltestelle Moorhüttenweg

Abschalten in der Stadt

41 Die Wabe am Karl-Hintze-Weg

Mitten in der belebten Stadt ist ein Stückchen Natur zu finden. Fährt man mit dem Rad Richtung Norden, schlängelt sich auf der rechten Seite der Bach Wabe, auf der linken Seite stehen anfangs Häuser, später Koppeln, auf denen Pferde grasen. Die Rede ist vom Karl-Hintze-Weg. Hier lässt es sich entlang des Flusses und meist ungestört von Autos radeln. Wer Glück hat, kann auf einer Bank unter hochgewachsenen, knorrigen Pappeln im Schatten sitzen. Etwa auf halber Höhe des Karl-Hintze-Weges kommt man an einem Fußweg vorbei, der rechts abgeht und früher mal ein Gleis war.

Es gibt einige Bänke entlang des Karl-Hintze-Weges, aber nur eine ist perfekt zum Abschalten und um Eindrücke aus der Natur zu sammeln. Sie kommt ein ganzes Stückchen hinter den Abzweigen. Erst fährt man an einer großen Koppel vorbei. Dahinter befinden sich mehrere kleine umzäunte Flächen. Für Autos ist der Weg schon einige Meter zuvor mit großen Steinen gesperrt. Die Steine zwingen dazu, mit dem Fahrrad langsamer zu fahren, sie stehen gleichzeitig so weit auseinander, dass man zu Fuß gut durchkommt. Die asphaltierte Straße geht an der Stelle in eine unbefestigte über. Gleich dahinter steht die Bank.

In ihrem Rücken fließt die Wabe. Im Sommer wachsen Gräser auf der anderen Seite des Weges. Man kann von der Bank aus hören, wie die Pferde auf der gegenüberliegenden Koppel das abgerupfte Gras kauen. Vögel zwitschern. Die Bahn, die hinter der Weide entlangfährt, gibt ein Signal.

Wer mit dem Fahrrad unterwegs ist, kann die Tour unkompliziert verlängern und in das Naturschutzgebiet Riddagshausen fahren. Dafür geht es zunächst zurück zur Berliner Straße. Das Vogelzwitschern wird leiser, die Autos lauter. Keine Sorge, das ändert sich schnell. Einfach die Berliner Straße überqueren, auf der Straße An der Wabe ein paar Hundert Meter fahren, rechts abbiegen, den Schildern zum Ringgleis folgen und direkt wieder ins Grün eintauchen.

- Karl-Hintze-Weg, 38104 Braunschweig
- ÖPNV: Straßenbahn 3, Bus 230, 433, Haltestelle Querumer Straße

Flammkuchen im Grünen

42

Ausflugscafé Schäfer's Ruh

Mehr Grün geht kaum. Das Ausflugscafé Schäfer's Ruh hält, was sein Name verspricht. Es befindet sich im Naturschutzgebiet Riddagshausen, auf einer vom Naturschutz ausgenommenen Fläche. Gegenüber liegt der ehemalige Bahnhof Schapen, der 1906 eröffnete, unter anderem wegen des Spargels, der damals vor Ort angebaut und überregional verkauft wurde. Zu dieser Zeit war die Bahn konkurrenzlos. Was lag da näher, als für die in Gegenrichtung, mit Dünger und Kohle nach Schapen und Riddagshausen, Reisenden, eine Gaststätte mitten in der Natur zu eröffnen? Seit 1907 gibt es Schäfer's Ruh.

Das Bahnhofsgebäude wird seit Jahrzehnten nicht mehr als solches genutzt. Das Café, das einst eine Gaststätte war, bleibt aber ein Anziehungspunkt. Seit 1954 transportiert die Bahn keine Personen mehr, 1971 wurde der Güterverkehr eingestellt. Anfang der Jahrtausendwende begann die Stiftung Tierärztliche Hochschule Hannover, das stillgelegte Bahnhofsgebäude für die Forschung zu nutzen. Das ist so geblieben. Heute geht es der Wissenschaft unter anderem um die genetische Vielfalt heimischer Libellen und die Artenvielfalt des Waldbodens in Zeiten des Klimawandels.

Das Ausflugscafé wird von einem gelernten Konditor und Bäcker betrieben, zu dessen Spezialitäten hausgemachter Grießstrudel gehört. Der dazugehörige Parkplatz wird intensiv genutzt. Draußen duftet es verführerisch nach süßem Gebäck. Die Kuchen und Flammkuchen werden ebenfalls selbst gemacht.

Der Verdauungsspaziergang findet in einer besonderen Umgebung statt, einem der ersten Naturschutzgebiete Deutschlands, das 1936 unter Schutz gestellte 526 Hektar große Riddagshausen. Sportliche schaffen eine Runde durch das gesamte Naturschutzgebiet und gehen den 7 Kilometer langen Naturerlebnispfad, der wenige Meter neben dem Café beginnt (eine Karte dazu bietet die Stadt online). Auf dem Weg kommt man unter anderem an Rindern, Pilzen, Amphibien und Bienenstöcken vorbei.

TIPP

Im Fischereibetrieb Lübbe (Fischerweg 1) bekommt man geräucherten und frischen Fisch.

- Schäfer's Ruh, Lindenallee 22, 38104 Braunschweig, Tel. (05 31) 36 02 40 www.schaefersruh-cafe.de
- ÖPNV: Bus 417, 427, 437, Haltestelle Moorhüttenweg

Plätze zum Nachdenken

43 Der Inselwallpark und Löbbeckes Insel

Anfangs nannte sie sich Richard Hugo, denn zu ihrer Zeit (geboren 1864) wäre sie als Frau nicht weit gekommen. Heute kennen alle ihren Namen: Ricarda Huch. Sie war Schriftstellerin, Philosophin und Historikerin, machte ihr Abitur in der Schweiz und studierte dort. 1892 promovierte sie – als eine der ersten Frauen im deutschsprachigen Raum. Aber was hat das alles mit dem Inselwallpark zu tun? Ganz einfach: Ricarda Huch ist dort aufgewachsen, lebte in der Villa ihrer wohlhabenden Eltern an der Stelle, an der heute die Fontäne Wasser in die Luft sprüht. Sie verliebte sich in ihren Schwager und musste Braunschweig verlassen. Eine schwierige Liebe also, die sie in dem 1893 veröffentlichten autobiografischen Roman „Erinnerungen von Ludolf Ursleu dem Jüngeren" verarbeitete. Wie diese Geschichte wohl heute verlaufen wäre? Darüber kann man nachdenken, während man an der Fontäne auf einer Bank sitzt und dem Plätschern des Wassers zuhört. Der mit gut 8 Hektar eher kleine Park nordwestlich der Innenstadt wurde kurz nach 1800 angelegt. Auffällig ist der Bestand an alten, hochgewachsenen Bäumen wie Platanen, Zypressen und Kastanien.

Ein schöner Platz befindet sich auch am Neustadtmühlengraben. Dort wurde, wenige Schritte von einem beliebten Spielplatz entfernt, ein hölzerner Steg mit einer Bank darauf gebaut. Am Ufer steht eine Nilgans mit farblich umrahmten Augen. Sie steckt ihren Kopf ins Gefieder und putzt sich immer wieder. Vögel zwitschern, darunter ein Kuckuck. Enten und Gänse schnattern. Auf einem toten Baumstumpf im Wasser steht eine weitere Nilgans. Der Platz befindet sich inmitten von Schatten spendenden Bäumen. Es gibt viel Grün. Fröhliches Lachen ist aus Richtung des Spielplatzes zu hören. Die Nilgans watet durchs Wasser, trinkt davon. Angesichts dieser Idylle ist die Stadt mit all ihrem Stress für eine Weile ganz weit weg.

- Inselwallpark, 38114 Braunschweig
- ÖPNV: Bus 419, 426, 429, 433, Haltestelle Maschplatz

Blühendes aus der Region

44 Das Blumengeschäft Anis Blumenbinderei

An der Straße steht ein grünes Fahrrad, das so über und über mit Pflanzen bedeckt ist, dass man es kaum noch sieht. Verwunschen sieht es aus, märchenhaft, wie der gesamte Laden. Durch einen mit Efeu berankten Bogen geht es einige Meter einen Weg entlang, vorbei an verschiedenen Blumen und Pflanzen, zur Eingangstür des kleinen Blumengeschäfts mit dem Namen Anis Blumenbinderei.

Montagmorgen haben die Chefin und ihre Mitarbeiterinnen viel zu tun. Da bestellen zahlreiche Firmen Blumensträuße, um ihren Empfang zu schmücken. Viele haben sogar Abonnements. Um 9 Uhr öffnet das Geschäft, bis dahin muss alles fertig sein. Auch sonst wird im Team niemandem langweilig: Es gibt Jubiläen oder das Zuhause der Kundschaft, das auch blühend dekoriert werden will. Wartezeit gehört manchmal dazu.

TIPP

Wer einmal da ist, probiert am besten die hervorragende Pizza von Riano an der Grünstraße

Im Laden ist es kalt und riecht angenehm nach Schnittblumen. Es ist Herbst und Chefin Luise Twelkemeyer erzählt, was die Jahreszeit noch an Blumen bietet. Sie überlegt kurz und zählt dann auf: Chrysanthemen, blauer Bleiwurz, Heide, grüner Efeu und die Heilpflanze Sonnenhut (ebenfalls als Echinacea bekannt). Alle bei ihr angebotenen Blumen sollen so regional wie möglich sein. Dem sind natürlich Grenzen gesetzt, vor allem im Winter, wenn bei den Menschen das Bedürfnis nach Farbe und Frische besonders groß ist. Aber auch dann nimmt sie lieber Ware aus dem nahen Holland als aus Südafrika.

Von März an gibt es die ersten Lieferungen aus hiesigen Gewächshäusern. Das geht bis in den Herbst hinein. Einer ihrer Lieferanten kommt aus Hannover. Sie kennen sich gut, natürlich. Schließlich hat sie ihr Geschäft bereits 1980 eröffnet und ist schon lange aktiv. Sie erzählt, dass es sich bei den Hannoveranern um einen Familienbetrieb handelt. Diese nutzen einen Schlauch mit Löchern, um die Blumen unter dem Blatt gezielt zu bewässern. Das Wasser- und Heizsystem stammt aus den Niederlanden. Nachhaltigkeit geht eben auch bei Blumen.

- Anis Blumenbinderei, Helmstedter Straße 20 a, 38102 Braunschweig, Tel. (05 31) 7 76 08
- ÖPNV: Bus 411, 419, 429, 436; Straßenbahn 4, 5, Haltestelle St. Leonhard (Stadthalle)

Schönes Panorama

45 Der Rundweg Broitzem

Unterwegs im Geitelder Holz: Der grüne Geruch nach Wald empfängt die Ausflügler hier. Bis auf die Autos der nahen Rüningenstraße ist nichts zu hören. Die breiten Forstwege und schmalen Pfade sind perfekt zum Radeln.
Am besten beginnt man den gut 5 Kilometer langen Rundweg durch Broitzem im Südwesten des Geitelder Holzes, an der Rüningenstraße. Wer mit dem Auto unterwegs ist, kann dort parken und zu Fuß weitergehen. Die Runde beginnt in der Mitte des Geitelder Holzes, führt Richtung Norden und man braucht per pedes eine gute Stunde.
Hinter dem Waldstück geht es am Rand der Felder weiter. Sie sind frisch abgeerntet, Krähen krächzen. Vom nahen Broitzem sind Häuser mit auffällig lang aufragenden Dächern zu sehen. Es geht bergauf, dann links, Richtung Funkturm. Bevor man diesen erreicht, empfiehlt es sich, die Aussicht zu genießen: Der Blick reicht weit über die Stadt hinaus bis zu den dahinterliegenden Höhenzügen Elm, Asse und Harz. Bei gutem Wetter sieht man sogar den Brocken, den höchsten Berg im Harz.
Schräg gegenüber dem Funkturm befindet sich rechts ein Feld, auf dem die vom Aussterben bedrohten Feldhamster unter anderem durch Blühstreifen besonders geschützt werden. Sie bekommen hier Deckung und Nahrung.
Schließlich stößt man auf den Funkturm selbst. Hier ist einer der Standorte, an denen die Luftqualität Braunschweigs gemessen wird (Glücksort 4). Es geht nach links auf den Evolutionsweg. Schilder informieren darüber, wie sich die Erde entwickelt hat. Entlang des Weges stehen sie erst unter Linden, ein Stück weiter wachsen Obstbäume. Über Geitelde und das Geitelder Holz geht es zurück zum Ausgangspunkt. Wer die Tour auf der Karte sehen möchte oder GPS-Daten braucht, gibt einfach „Rundweg Broitzem" in die Suchmaschine ein und wählt den Outdooractive-Link. Er ist eine der hundert Top-Touren aus dem ADAC Wanderbuch Deutschland.

- Rundweg Broitzem, 38122 Braunschweig
- ÖPNV: Bus 465, Haltestelle Buchfinkweg (4 Minuten zu Fuß)

Durch das Dickicht

46 Naturschutzgebiet Lammer Holz

Glück ist, Neues zu entdecken. Und neu dürfte für viele Braunschweiger das Lammer Holz sein. Dabei handelt sich um einen eher kleinen Wald, 27 Hektar, der als Naturschutzgebiet ausgewiesen ist und sich im Westen von Braunschweig befindet. Hunde müssen hier wie in jedem Naturschutzgebiet ganzjährig angeleint werden. Auf den wenigen Pfaden kann man spazieren gehen oder, wenn man geländegängig ist, Rad fahren.
Der Ausflug beginnt am Sportplatz. An dessen Ende führt ein Pfad in den Wald. Man gelangt in ein Dickicht hinein. Im Gegensatz etwa zum Rautheimer Holz ist es hier feuchter. Neben Buchen und Eichen sieht man Pappeln oder Erlen – beides Arten, die Wasser mögen. Zwischen den großen Altbäumen wachsen jüngere und kleinere Bäume. Es geht vorbei an einem großen Loch im Boden, einem ehemaligen Bombentrichter. Auch hier liegen Bäume kreuz und quer, wie es in Naturschutzgebieten häufig der Fall ist. Das Totholz dient Tieren, Pflanzen und Pilzen als Lebensraum. Die Pfade sind problemlos befahrbar. Es geht weiter über eine Freifläche, die sich unter einer Hochspannungsleitung entlangzieht. Rechts neben dem Pfad befindet sich eine wunderschöne alte Buche, die einen staunen lässt: Was mag sie erlebt haben in all den Jahren, die sie dort steht? Es ist angenehm still. Hinter der Buche verläuft ein Graben, dann öffnet sich freies Feld. Die Morgensonne bahnt sich ihren Weg durch die Blätter des Baumes, als würde plötzlich ein Lichtspot aufleuchten. An einem Abzweig steht eine alte Eiche, an der keine Blätter mehr zu sehen sind. Vermutlich ist sie abgestorben. Sobald man stehen bleibt, etwa zum Fotografieren, wird man von Insekten umschwirrt.
In der Mitte des Waldes verläuft ein weiterer Graben, der normalerweise Wasser führt, außer bei extremer Trockenheit. Im Lammer Holz gibt es Amphibien wie den Kammmolch, der aussieht wie ein Wasserdrache und etwa handgroß ist, oder den braunen Grasfrosch. Im Süden des Waldes befindet sich die einstige Landwehr mit ihren Wällen.

- Lammer Holz, vom Sportplatz aus, 38116 Braunschweig
- ÖPNV: Bus 411, 433, 461, 560, Haltestelle Saarbrückener Straße

Glutenfrei glücklich

47 Bioladen HofZeit

Mitinhaberin Christine Berghoff strahlt über das ganze Gesicht, als sie vom glutenfreien Backen spricht. Sie erzählt von Kindern, die endlich essen dürfen, was sie gern mögen. Für sie gibt es eigens einen Tritt, damit sie durch die Scheibe in die in den Laden integrierte Backstube schauen und sich etwas aussuchen können. Einmal pro Woche wird glutenfrei gebacken. Die Kundschaft kommt dafür sogar aus Gifhorn, Wolfsburg oder Salzgitter. Die separate Backstube sorgt dafür, dass die Backwaren nicht kontaminiert werden. Das ist wichtig für die, die selbst kleinste Spuren von glutenhaltigen Backwaren meiden müssen, denn ein Großteil der Kundschaft ist ernsthaft erkrankt. Die Menschen leiden an Zöliakie, einer Autoimmunerkrankung, die unter anderem den Verzehr von Weizen problematisch macht. Wer betroffen ist, muss sich ein Leben lang konsequent glutenfrei ernähren. Leichter gesagt als getan: Gluten ist das vorherrschende Eiweiß in allen Getreidesorten wie Weizen, Roggen, Gerste und Dinkel. Dank Gluten werden Brote und Gebäck locker und gehen auf. Es ist also nicht leicht, beim Backen darauf zu verzichten.

Im Laden HofZeit klappt das. Jeden Donnerstag ab 11 Uhr wird mit Reis-, Buchweizen- oder Maismehl gebacken, es gibt zwei bis drei verschiedene Sorten glutenfreier Brote, Süßes wie Brioche, Kuchen oder Zimtschnecken und Herzhaftes wie Zwiebelkuchen, mediterrane Stangen mit Schafskäse, Oliven und getrockneten Tomaten oder Kürbis-Muffins. Der Bioladen wird von zwei Frauen geführt. Er befindet sich in einer kleinen Seitenstraße und hat überwiegend Stammkundschaft. Zu den Besonderheiten neben den glutenfreien Backwaren gehören die üppige Käsetheke sowie das regionale Gemüse von einem Hof aus Müden an der Aller, nordwestlich von Gifhorn. Im Herbst kann man aus dem Vollen schöpfen: Der Hof liefert Feldsalat, Steckrüben, Schwarzkohl, Kohlrabi, Babylauch, Tomaten, Sellerie, Rosenkohl und Bohnen.

● HofZeit, Vor dem Kreuze 4, 38126 Braunschweig, Tel. (05 31) 6 80 29 61
www.hofzeit-rautheim.de
● ÖPNV: Bus 412, Haltestelle Dorflage

GREENPEACE
Sonne auf dem Teller
Bioland
Fenchel
Kohlrabi
UW
Schwarzkohl
Bioland
Blumenkohl
UW
Rosenkohl
UW
Buschbohnen

Weiter Blick übers Wasser

48 Der Ölper See

Das Wasser glitzert in der Sonne, die Wiese zeigt sich in saftigem Grün – der Ölper See ist ein schönes Ausflugsziel. Menschen gehen spazieren, führen ihre Hunde aus, joggen oder angeln, Letzteres in der Nähe des Holzstegs im Südosten des Sees. Der See ist geteilt, dazwischen verläuft eine Brücke. Vom weiter nordwestlich gelegenen kleineren Teil des Sees, einem Naturschutzgebiet, hört man Vögel zwitschern. Es gibt Reiher, Eisvögel, Kormorane und Buntspechte, dazu Fische wie Hecht, Europäischer Wels und Zander. Der perfekte Ort für eine gute Draußen-Zeit. Ein Blick auf den schimmernden See lässt schnell alle Hektik abfallen.

Vor der Brücke befinden sich zwei Wiesen. Von ihnen aus kann man über den gesamten Ölper See bis zum Turm des Heizkraftwerks schauen. Der See entstand in den 1970er-Jahren beim Bau der umliegenden Autobahnen. Die Wasserfläche beträgt ungefähr 16 Hektar. Nach gut zwei Kilometern hat man den See umrundet. Richtung Norden geht es tiefer hinein in die Okerauen.

Ursprünglich verlief der Fluss Oker an der Stelle, an der sich inzwischen der See befindet, er speist ihn bis heute. Es gibt, zum Stadtteil Ölper gehörend, noch ein altes, aufwendig restauriertes Wehr aus Holz. Früher wurde über das Wehr der Zufluss des Wassers zur Ölper Mühle geregelt. Das Wasser wurde von der Oker in den dortigen Mühlengraben umgeleitet, heute existiert davon nur noch ein toter Arm. Er wurde zugeschüttet, geblieben ist ein Tümpel. Das Wehr war aktiv, bis der Ölper See ausgehoben wurde.

Leider sucht man Restaurants oder Cafés am See vergeblich, von den einst existierenden Ausflugslokalen ist inzwischen keines mehr am Platze. Wer etwas essen möchte, nimmt also am besten ein Picknick mit.

TIPP

Vom Nordosten des Sees kommen Hungrige zu Fuß schnell ins Sveti Stefan in der Straße Am Berge 9.

● Ölper See, 38114 Braunschweig
● ÖPNV: Straßenbahn 1, 2, 10, Haltestelle Gesundheitsamt, Fußweg

Brennnesseln und Beeren

49 Mundraubtour mit dem Stadtgarten Bebelhof

Nein, über den Zaun in einen privaten Garten klettern, darf man auf dieser Tour nicht. Überhaupt sollte man nichts mitnehmen, was jemandem gehört. Stattdessen konzentriert man sich auf öffentliche Flächen, die allen zur Verfügung stehen und gut geeignet sind für das Sammeln von Brennnesseln, Spitzwegerich oder Aroniabeeren, wie es für diese Tour geplant ist.

Wer sich an der Volkshochschule zu einer Mundraub-Fahrradtour des Stadtgartens Bebelhof anmeldet, lernt Brennnesseln auch als Zutat für Suppen kennen. Saskia Bothe, die am Bebelhof für Umweltbildung verantwortlich ist, erklärt, dass Brennnesseln viel Eisen enthalten und deshalb gesund sind. Sie hat welche am Ringgleis (Glücksort 38) entdeckt. Man muss sie nur noch pflücken und einpacken. Streicht man beim Sammeln von unten nach oben, brennen die Nesseln nicht. Zu Hause rollt man mehrmals mit einem Nudelholz darüber oder erhitzt sie über 60 Grad Celsius, um die Brennhaare unschädlich zu machen. Wer sichergehen will, dass kein Hund darauf gepinkelt hat, wählt, wie Saskia Bothe, die Blätter von oben. Ohnehin ist es ratsam, auf Verschmutzungen zu achten: Beerenobst und Kräuter sammelt man am besten immer mindestens zehn Meter von Straßen entfernt, von stark befahrenen Straßen zwanzig Meter. Das ist zum Beispiel hinter dem ehemaligen Nordbahnhof der Fall. Dort kann man die langen grünen Blätter des Spitzwegerichs pflücken, zu erkennen an den Blattrippen, die gut sichtbar an der Rückseite entlangführen. Spitzwegerich ist für Suppen und Tees geeignet. Ein paar Meter weiter gibt es Zierquitten. Die gelben Früchte sind ungefähr so groß wie Mandarinen und beduften jedes Zimmer. Dann noch ein Nachtisch: Als Zutat zu Muffins eignen sich Aroniabeeren, die man entweder teuer kaufen oder im Herbst einfach draußen sammeln kann. Sie sehen aus wie Heidelbeeren – dunkel, klein und rund. Der Stadtgarten Bebelhof ist ein nicht kommerzieller Mitmachgarten, das heißt: Alle sind willkommen und wer mitmacht, darf auch ernten.

TIPP

Kaffeetrinken im Grünen, ohne zu gärtnern, geht im Bebelhof auch. Immer dienstagnachmittags.

- Stadtgarten Bebelhof, Schefflerstraße 34, 38126 Braunschweig
www.stadtgartenbebelhof.de
- ÖPNV: Bus 411, 431, Haltestelle Schefflerstraße

Sehen statt Hören

50 Die Raffteiche

Teiche? Gleich mehrere? Alle in Braunschweig kennen den Raffteich. Dort finden Open-Air-Veranstaltungen wie Konzerte statt, zum Beispiel wenn Axel Bosse durch seine alte Heimat tourt und Songs wie Sunnyside singt. Außerdem gibt es ein Freibad, das Raffteichbad, das Wasserfans den Sommer verschönert.

Weniger bekannt sind die Raffteiche, die mitten in der Natur liegen und zum Joggen oder Walken einladen. Vermutlich sind sie nicht so populär, weil man in ihnen heute nicht mehr schwimmen darf, was früher erlaubt war. In einem Teil der Teiche werden jetzt Fische zum Angeln gehalten.

Vor einer dreireihigen Allee mit Linden, die sich von der Autobahn bis zum Raffteichbad zieht, zwischen Kleingartenverein Kröppelberg und Elefantengras-Labyrinth, geht es auf einem Rad- und Fußweg auf die nördliche Seite des Madamenwegs. Der anfangs geschotterte schmale Weg ist mit alten Bäumen gesäumt, es gibt Bänke. Der Weg führt zwischen dem zweiten und dritten Teich hindurch. Die Ufer sind mit Bäumen bewachsen, die sich malerisch im Wasser spiegeln. Von den Teichen steigt angenehm kühle Luft auf, es riecht leicht modrig, rosafarbene Blüten bilden einen schönen Kontrast zum blauen Wasser. Die viel befahrene Hannoversche Straße, deren Verkehr leider bis zum Weg zu hören ist, geht direkt nördlich der Teiche entlang. Sie führt zu den Braunschweiger Stadtteilen Lamme und Watenbüttel und zu den Orten Hildesheim, Peine und Vechelde.

Die Raffteiche wurden wahrscheinlich im Mittelalter von den Frauen des Kreuzklosters angelegt. Das Kloster wurde im Zweiten Weltkrieg zerstört und existiert inzwischen nicht mehr. Heute fühlen sich neben Menschen auch Insekten an den Teichen wohl. Das Julius-Kühn-Institut will deutschlandweit Wildbienen helfen und hat dafür im Osten der Teiche an einer Wiese mit blau blühender Wegwarte eine Nisthilfe für Wildbienen aufgestellt (Glücksort 14).

● Raffteiche im Westpark, nördlich des Madamenwegs, 38120 Braunschweig
● ÖPNV: Bus 418, Haltestelle Kröppelberg

Training unter Bäumen

51 BürgerSport im Park

BürgerSport – das heißt in Braunschweig, sich in den warmen Monaten im Grünen zu bewegen, kostenlos und ohne sich vorher anmelden zu müssen. Möglich macht das die Bürgerstiftung. Die Kurse finden in der Regel im Park statt. Es gibt ein Programm, das alle Angebote zusammenfasst, zahlreiche Sportvereine haben sich daran beteiligt.
An diesem Tag steht Faszienfitness im Prinzenpark (offiziell Prinz-Albrecht-Park) an. Treffpunkt ist das dortige Polizeistadion. Bis zu der Wiese, auf der der Kurs stattfindet, sind es lediglich ein paar Schritte. Es ist angenehm warm, nicht heiß. Alle bringen ihre eigenen Matten mit und suchen sich ihren bevorzugten Platz. Auch im Schatten der Bäume finden sich genug Plätze.
Bei jedem Windzug fallen Blätter zu Boden, die Luft streicht sanft über die Haut. Die Blätter lassen die Sonne durch und malen helle Stellen auf den Körper. Auf der Trainingsmatte krabbelt eine kleine Spinne.
Etwa ein Dutzend Personen nimmt heute am Kurs teil. Zu den Frauen jeden Alters hat sich ein junger Mann gesellt, der, seinem T-Shirt nach, erst vor Kurzem Abitur gemacht hat. Alle tragen Shirt und Sporthose, stehen in Strümpfen auf der mitgebrachten Matte. Die Trainerin, auf die die Sonne am Anfang wie ein Spot scheint, beginnt mit Übungen zur Mobilisation: Schultern kreisen, Brust und Hüfte isoliert in alle Richtungen bewegen, Körper zur Seite drehen, dabei die Arme mitnehmen.
Die gute Luft gibt es gratis dazu. Wer naturverbunden und im Grünen trainieren möchte, ist beim vielfältigen Programm des BürgerSports richtig: Tanzen, Kampfkunst, Laufen oder Spielen sind möglich.
Gut hat sich diese Stunde angefühlt – für Körper und Geist. Und die meisten kommen in der nächsten Woche gerne wieder.

TIPP

Auch ohne Sport kann man im Prinz-Albrecht-Park eine schöne Zeit verbringen (Glücksort 54).

- Bürgersport im Park, www.buergersport-im-park.de
- ÖPNV: zum Beispiel Polizeistadion, Bus 422, 423, Haltestelle Herzogin-Elisabeth-Straße (10 Minuten zu Fuß)

52 Die renaturierte Wabe

Ein kleiner, in Braunschweig beliebter Fahrradausflug führt im Südosten der Stadt zum Café Eiszeit in Salzdahlum – mittlerweile entlang der renaturierten Wabe. Ab dem Stadtteil Rautheim sind es lediglich rund 5 Kilometer bis zum Ziel an der Braunschweiger Straße in Salzdahlum. Fährt man aus der Stadt, sieht man rechts des Feldwegs Schwarzerlen und Weiden. Kerzengerade verläuft dort ein Graben, die alte Wabe. Diese wurde über weite Teile abgeklemmt und führt nur noch Restwasser. Der Bach fließt jetzt auf der anderen Seite, aber die Fläche ist stark zugewachsen, viel ist nicht zu sehen.

Die Wabe entspringt im Elm, die Mittelriede zweigt von ihr ab. Beide Bäche fließen zum Fluss Schunter. Sie wurden bis Ende 2018 an weitestgehend allen erreichbaren Stellen im Stadtgebiet in ihren natürlichen Zustand zurückversetzt, das heißt, sie dürfen mäandern, also schleifenförmig fließen. Die Bäche bieten dadurch wieder Lebensräume für Tiere und Pflanzen.

Nachdem man ein paar Kilometer geradelt ist, kommt man an eine Metallbrücke mit grün gestrichenem Geländer. Von dort aus kann man gut Fische beobachten. Auch Insekten fühlen sich hier wohl, unter anderem die stark gefährdete maximal 3,3 Zentimeter große Helm-Azurjungfer. Saubere Fließgewässer sind die Heimat dieser Libellenart, zu sehen ist sie in den warmen Monaten Mai bis August. Nährstoffeinträge aus angrenzenden Feldern sind für die Helm-Azurjungfer jedoch problematisch. Damit ist sie eine unter vielen: Laut einer Studie des Bundesamtes für Naturschutz sind inzwischen mehr als ein Viertel der Insekten in ihrem Bestand gefährdet. Umso wichtiger ist es, Lebensräume für sie zu schaffen.

Wer kurz vor der Brücke die ursprüngliche Wabe an einem Übergang passiert und dem Pfad nach rechts folgt, radelt erst an einem Feld entlang und dann weiter am Salzdahlumer Graben Richtung Eisdiele – bei schönem Wetter sogar mit Brockenblick.

● Wabe südlich der A 39, Fahrradtour ab Rautheim, Mühlentrift, 38126 Braunschweig
● ÖPNV: Bus 412, Haltestelle Dorflage

Schön, aber giftig

53

Arzneipflanzengarten der Pharmazie

Die Blüten zeigen sich in bunten Farben: der Kaukasusmohn in Rot, der Klappenmohn in Gelb und die Lupine in Violett. Wer das Gelände des Arzneipflanzengartens betritt, wird sofort ruhiger. Bienen summen und Frösche vom nahe gelegenen Teich quaken. Zunächst trifft man auf heute noch gebräuchliche Arzneipflanzen, deren harmlos wirkende farbige Blüten von den wirkungsvollen Inhaltsstoffen ablenken. Auch historische Arzneipflanzen werden hier angebaut. Aktuelle und ältere Pflanzen zusammengezählt, wachsen hier insgesamt 200 verschiedene Arten. Der Garten gehört zum Institut für Pharmazeutische Biologie der Universität in Braunschweig. Zwischen den bunten Blüten wächst ein Schierling, ein Doldenkraut. Er sieht ganz ungefährlich aus, wie das Kraut von Möhren, nur höher gewachsen, gehört aber wie Goldregen und Eisenhut zu den hochgiftigen einheimischen Pflanzen. Verzehrt man ihn, kann das den Atem lähmen und bis zum Tod führen. Wer die Pflanze berührt, sollte hinterher sofort die Hände waschen, damit das Gift nicht in den Körper gelangen kann. Schierling erkennt man unter anderem an den braunen, bereiften Flecken am Stengel. Dadurch lässt er sich auch von harmlosen Pflanzen wie dem Wiesenkerbel unterscheiden.

Der Arzneipflanzengarten ist nicht nur interessant, er ist auch ein schöner Pausenplatz. An diesem bewölkten Vormittag hat sich eine Gruppe junger Männer auf die Holzstühle in der Wiese gesetzt. Eine Gärtnerin zupft Pflanzen aus einem Beet, die dort anscheinend nicht hingehören.

Der öffentliche Garten wird von mehreren in die Jahre gekommenen Universitätsgebäuden eingerahmt. Der Weg dorthin lohnt sich, ist aber nicht ganz leicht zu finden: Von der Hans-Sommer-Straße, dem Ring, biegt man ab in die Beethovenstraße. Von dort fährt man nach fast 250 Metern, direkt vor der Mensa, rechts in die Mendelssohnstraße. Nach gut 100 Metern befindet sich links eine schmale Einfahrt, die über eine weitere Straße zum Parkplatz des Gartens führt.

- Mendelssohnstraße 1, 38106 Braunschweig, Tel. (05 31) 3 91 56 8
www.arzneipflanzengarten.de
- ÖPNV: Bus 433, Haltestelle Beethovenstraße

Beliebte Laufstrecke

54 Finnenbahn im Prinz-Albrecht-Park

Die oval verlaufende Finnenbahn ist in erster Linie für Laufbegeisterte gedacht. Sie zieht sich durch den Prinz-Albrecht-Park, der von der Anwohnerschaft einfach Prinzenpark genannt wird. Die Finnenbahn verläuft parallel zu einer ovalen, asphaltierten Straße, die durch das Grün führt. Sie ist 2,2 Kilometer lang und mit Holzschnitzeln ausgelegt. Dadurch werden beim Laufen die Tritte abgefedert und die Gelenke geschont. Die Bahn wird rege genutzt, viele drehen ausdauernd gleich mehrere Runden. Vor einigen Jahren diskutierte die Stadt, die Bahn nachts zu beleuchten, was aber aus Kostengründen abgelehnt wurde. Der Park nimmt großzügige 58 Hektar ein. Die Fläche wurde früher zunächst vor allem von Landwirten genutzt, die ihre Felder bepflanzten, ab dem Jahr 1824 waren es überwiegend Soldaten. Der Platz wurde zum Exerzieren gebraucht, also für die militärische Ausbildung.

1903 entstand der Prinzenpark. Seitdem tummeln sich hier Menschen jeglichen Alters. Kein Wunder, es ist für alle etwas dabei: Es gibt verschiedene Fitnessplätze, auf denen man auf federnden Matten herumspringen, auf Wackelbrettern balancieren oder an Stangen Klimmzüge trainieren kann. Es gibt den Nussberg, um im Frühling und Sommer den Blick über die Stadt zu genießen oder zu grillen, im Herbst Drachen steigen zu lassen und im Winter zu rodeln. Das Angebot wird durch den Skaterplatz erweitert, der anfangs eine Rollschuhbahn war. Aus dem früheren Platz für militärischen Drill ist also ein beliebter Ort zum Spielen geworden. So ändern sich die Trends und der Prinzenpark verändert sich mit ihnen. Alle nutzen den Park auf ihre Art: Eltern lassen ihre Kinder klettern, Menschen gehen mit ihren Hunden oder Babys spazieren, spielen Ball, lesen, grillen oder joggen. So unterschiedlich die Interessen sind, allen ist gemeinsam, dass sie hier eine schöne Zeit verbringen.

- Prinz-Albrecht-Park, 38104 Braunschweig
- ÖPNV: Bus 422, 423, Haltestelle Herzogin-Elisabeth-Straße; Bus 413, 418, 422, 423, Haltestelle Prinz-Albrecht-Park; Bus 413, 418, Haltestelle Nussberg; Bus 418, 422, 423, Haltestelle Nussbergstraße oder Stadtpark

Fossilien und Füchse

55 Mergelkuhle in Hondelage

Die Kindergartenkinder sind begeistert. Und nicht nur sie. Ein älterer Mann steht am Steinblock, der als Tisch zum Hämmern dient, und gibt sein Wissen an zwei kleine Jungs weiter. In der Mergelkuhle kommt Ölschiefer vor, Interessierte können neben der Senke nach Fossilien suchen. Dafür gibt es am Rand eigens einen Hügel mit Schieferplatten neben einer Hütte, die Informationen liefert oder zur Rast einlädt. Der betreuende Verein Förderkreis Umwelt- und Naturschutz Hondelage (FUN) hat den Hügel neu bestückt, erzählt eine Erzieherin, die öfter vor Ort ist.

Eigentlich braucht man für die Suche nach Versteinerungen, nach schneckenähnlichen Ammoniten oder Muscheln, Hammer, Meißel, Spachtel, Lupe, Schutzbrille und Arbeitshandschuhe. Wenn man Glück hat und die richtige Zeit erwischt, kann man die Abdrücke hier mit bloßem Auge sehen, braucht also keine Ausrüstung. Vor 182 Millionen Jahren gab es an dieser Stelle ein Jurameer mit Fischsauriern, Echsen und Krokodilen. Es herrschte ein tropisch-feuchtes Klima. Tiere und Pflanzen sind auf den Meeresboden gesunken und wurden im sauerstoffarmen Faulschlamm der heutigen Mergelkuhle konserviert. Sie wurden schließlich zu Stein, Fossilien entstanden. In den vergangenen Jahren hat man sogar mehrere Skelette von Sauriern gefunden.

Die Mergelkuhle ist zugleich Geotop und Biotop. Flora und Fauna konnten sich ungestört über Jahrzehnte entwickeln, das führte zu einer hohen Artenvielfalt. Im schnellen Wechsel kühlt sie sich ab und erwärmt sich, ist feucht und trocken. Die unterschiedlichen Standortfaktoren machen die Senke zu einem wichtigen Lebensraum für Tiere und Pflanzen. So geht der Vogel Neuntöter hier regelmäßig auf Beutezug, Sandbienen und Wildkaninchen tummeln sich an den Abbruchkanten, Letztere oft von einer Fuchsfamilie gejagt. Zudem wachsen in der Mergelkuhle über 80 Pflanzenarten wie das seltene Ackerwildkraut Kleine Wolfsmilch. Es wird bis zu 20 Zentimeter groß und ist an den gelbgrünen Blüten zu erkennen.

- Mergelkuhle, Tränkeweg Hondelage, 38108 Braunschweig
- ÖPNV: Bus 417, 433, Haltestelle Hondelage Dammstraße

Blausterne und alte Bäume

56 Dom- und Magnifriedhof

Wer den Dom- und Magnifriedhof betritt, begibt sich in eine verwunschene Welt. Ein Eingang befindet sich an der Gerstäckerstraße, eine hölzerne Türe. Auf dem Friedhof ist es angenehm kühl, im Sommer einige Grad weniger als in der aufgeheizten Stadt. Die alten Gräber sind mit Efeu berankt, einst Symbol für das ewige Leben. Hohe alte Bäume zeigen stolz ihre üppigen Kronen. Wer im Frühjahr kommt, sieht ganze Teppiche mit verwilderten Blausternen (scilla, sprich Szilla) in leuchtendem Blau blühen. Die Pflanzen finden hier ideale Bedingungen: Am wohlsten fühlten sie sich im Halbschatten großer Bäume, erzählt der erfahrene Gärtner und Technische Leiter des Arzneipflanzengartens der TU Braunschweig Burkhard Bohne. Und er weiß noch mehr: Die Bäume auf dem Dom- und Magnifriedhof stammen überwiegend aus der Entstehungszeit des Friedhofs, sind also mehr als 300 Jahre alt. Je älter die Bäume, umso mehr verzweigen sich ihre Kronen, umso mehr blühen sie und geben Tieren wie Insekten und Vögeln ein Zuhause. Ihre üppigen Kronen verbessern das Klima der Stadt, denn alte Bäume produzieren mehr Sauerstoff als junge. Insekten wie Wildbienen befruchten die Blüten, die Vögel bekommen Futter, Früchte bilden sich und die Bäume können sich vermehren. Die Tiere brauchen Nahrung und Rückzugsorte. Beides finden sie in alten Bäumen. Einstige Friedhöfe fördern somit die Artenvielfalt.

Auf dem Dom- und Magnifriedhof finden nur noch selten Beerdigungen statt. Dafür gibt es seit etwa 150 Jahren den Hauptfriedhof an der Helmstedter Straße. Dort sind die Gräber leider oft wenig insektenfreundlich angelegt. Experte Burkhard Bohne empfiehlt Wildstauden mit ungefüllten Blüten. Geschickt gepflanzt, blüht es auf dem Grab die gesamte Saison über. Zu Frühlingsblühern wie Blausternen, Krokussen oder Buschwindröschen gesellen sich später blühende pflegeleichte Gewächse wie Frauenmantel und Herbstastern. Wer so gar keinen grünen Daumen hat, pflanzt einfach Efeu. Mit den Beeren bekommen zumindest die Vögel Futter.

- Dom- und Magnifriedhof, Eingang Ottmerstraße (Magnifriedhof) oder Gerstäckerstraße (Domfriedhof), 38102 Braunschweig
- ÖPNV: Straßenbahn 4, 5, Bus 411, 419, 429, 436, Haltestelle St. Leonhard (Stadthalle)

Bachforelle und Groppe

57 Die Furt an der renaturierten Mittelriede

Am besten fährt man frühmorgens oder spätabends hin, um seltene Fische oder Vögel zu sehen. Dann, wenn keine Kinder oder Hunde im Wasser planschen, denn von Menschen halten sich die Tiere fern. Die Rede ist von einem renaturierten Abschnitt der Mittelriede, im Osten der Stadt, mit einer Furt. Eigentlich ist ein renaturierter Bach ein unsichtbarer Bach, hätte die Stadt nicht bewusst Zugänge geschaffen. Die Mittelriede fließt wieder in größeren Schleifen, sie mäandert, ist überwiegend mit Bäumen und Büschen zugewachsen und befindet sich meist abseits von Wegen oder Straßen. Hauptziel solcher Renaturierungen ist es, Lebensraum für möglichst viele Arten zu bieten. Normalerweise dauert es 5 bis 10 Jahre, bis ein renaturierter Bach den Zustand erreicht hat, den er erreichen soll. Erst siedeln sich Primärpflanzen an, später bleibende Arten. Dieser Abschnitt der Mittelriede wurde bereits 2011 renaturiert. Das Wasser wird länger in der Fläche gehalten, das Grundwasser dadurch angereichert. Die Bereiche links und rechts des Flusses, die Auen, werden häufiger überflutet.

Wer sich zu den Randzeiten ruhig auf die Brücke stellt, hat die Chance, im klaren und flachen Wasser eine Bachforelle oder Groppe zu sehen. Bachforellen werden bis zu 50 Zentimeter lang. Man erkennt sie an den schwarzen und roten Punkten an den Seiten, die sie mit zunehmendem Alter bilden.

Groppen sind geschützt. Eigentlich sind die Fische braun-grau, passen sich aber farblich an den Untergrund an. Sie mögen es kiesig. Ihr Körper ist gedrungen, der Kopf breit. Tauchen sie in einem Fluss oder Bach auf, gilt das Wasser dort zu Recht als sauber, denn die Fischart hat hohe Ansprüche an die Wasserqualität.

Auch Eisvögel, mit ihrem auffällig orange-blauen Gefieder, sind hier manchmal zu sehen. Die Vögel sind nur etwas größer als Sperlinge, aber sie besitzen einen geraden kräftigen Schnabel zum Fischefangen. So schnell sie kommen, sind sie auch wieder weg, doch ihr Anblick ist immer etwas Besonderes.

- Furt an der Mittelriede, nordöstlich der Mastbruchsiedlung, hinter den Bahngleisen, 38104 Braunschweig
- ÖPNV: Bus 412, 431, Haltestelle Triftstraße (15 Minuten zu Fuß)

Exquisite Gartenkunst

58 Park und Pavillon am Schloss Richmond

Aufgewachsen in England und von höchstem Stande war sie mit Sicherheit eine Expertin für englische Gärten: Prinzessin Augusta Luise. Besser als sie kannte sich wohl nur der renommierte Gartenarchitekt Lancelot Brown aus. Dieser arbeitete praktischerweise für das englische Königshaus und somit für König Georg III., Augusta Luises Bruder. Sie und Lancelot Brown schufen den Park am Schloss Richmond und damit den ersten englischen Landschaftsgarten außerhalb Englands. Genau genommen war es eine geglückte Verbindung der bislang üblichen Form des Barock mit dem englischen Landschaftsstil. Und das kam so: Karl Wilhelm Ferdinand, der später Herzog in Braunschweig wurde, heiratete 1764 Augusta Luise. Während König Georg III. den Richmondpark bei London umgestalten ließ, erteilte sie den Auftrag für einen neuen Park in Braunschweig. Die Arbeiten begannen 4 Jahre nach ihrer Hochzeit. Die Geschwister beauftragten beide Lancelot Brown. Dieser gestaltete den Schlossgarten mit Bäumen und freien Blicken, legte die Rasenfläche zwischen Schloss und Oker an. Der Richmond-Park entstand, ursprünglich vom heutigen Bürgerpark abgegrenzt.

Lancelot Brown ging es vor allem darum, die Gefühle und Empfindungen der Gäste anzusprechen. Schloss und Garten sollten miteinander harmonieren. Fachleute sagen, das sei in Landschaftsparks zwar immer angestrebt worden, aber nie so gut gelungen wie um Schloss Richmond. In Wörlitz beispielsweise verstellt das Schloss den Blick auf den Garten, da die Breitseite nach vorne zeigt und nicht wie hier lediglich eine Ecke des Gebäudes, an der man vorbeischauen kann. Zum Schloss gehört ein achtsäuliger Monopteros, der ursprünglich am 1832 abgerissenen Schloss Antoinettenruhe unweit der Nachbarstadt Wolfenbüttel stand. Bereits in einem Gedicht aus dem Jahr 1805 ist die Rede von Spaziergängern, die an schönen Tagen darin saßen. Das ist auch heute noch ein Vergnügen, zumal man vom Rundtempel zum Schloss Richmond blicken kann.

TIPP

Über die Touristinfo kann man das Schloss Richmond besichtigen: www.braunschweig.de/touristinfo

- Schloss Richmond, Wolfenbütteler Straße 55, 38124 Braunschweig www.braunschweig.de/richmond
- ÖPNV: Straßenbahn 1, 2, Bus 420, Haltestelle Richmondweg

Der höchste Sandhügel

59 Binnendüne in Veltenhof

Die Bank steht nicht zufällig an ihrem Platz am Waller Weg. Hinter der Rückenlehne befindet sich mit fast 74 Metern über Normalnull die höchste natürlich erhaltene Binnendüne Braunschweigs. Zwei Eiszeiten begruben die Gegend nahe des Flusses Oker einst unter 250 Meter dicken Eisschichten und hinterließen zahlreiche Dünen und Sandflächen. Die Düne in Kralenriede wirkt deutlich höher, aber sie steht nicht auf einem natürlichen, sondern auf einem von Menschen aufgeschütteten Berg.

Die Fahrradfahrt von Veltenhof auf der schmalen gepflasterten Straße, dem Waller Weg, führt zunächst an der Düne vorbei zum Mittellandkanal. Doch die Düne befindet sich genau dort, wo die Bank steht. Sie ist unauffällig und mit Bäumen bewachsen, genauer gesagt, mit Buchen und Eichen, und daher als solche nicht auf den ersten Blick zu erkennen. Der Untergrund besteht aus Sand. Die Düne ist ein ehemaliger Hutewald, in den einst Vieh wie Rinder und Schweine hineingetrieben wurde, um Futter zu suchen. Besonders beliebt waren Eicheln und Bucheckern, aber auch Blätter und Zweige von jungen Bäumen. Entsprechend sind die Wälder bis heute licht. Spezielle Käferarten haben sich angesiedelt. Entlang der Düne verlief einst die Grenze zwischen dem Herzogtum Braunschweig und dem Königreich Hannover.

Auf der Bank sitzend, sieht man Menschen mit dem Fahrrad vorbeifahren. Man hört Hummeln summen und Vögel zwitschern. Die Natur übertönt die Geräusche des hinter der Düne liegenden Gewerbegebietes.

An einen ruhigeren Ort auf der anderen Seite der Straße führt der Trampelpfad schräg gegenüber der Bank. Auf der nur wenig niedrigeren, ebenfalls bewachsenen Düne namens Jungmans Berg trifft man viele Laufbegeisterte. Wer hier wohnt, kennt den Namen Jungmans Berg, auch wenn er in keiner Karte zu finden ist. Der Pfad führt an Birken vorbei, weiter hinein in den Wald. Aufpassen: Die Oker schlängelt sich hier entlang und spült Teile der Sanddüne heraus. Sie ist es auch, die die Gegend so malerisch macht.

- Binnendüne, Waller Weg, 38112 Braunschweig
- ÖPNV: Bus 414, Haltestelle Waller Weg

Feine Ernte

60 Löwenwall mit Esskastanien

Den Löwenwall von seiner schönsten Seite erlebt, wer vom Obelisken nach Osten Richtung Oker geht. Neben dem Weg, hügelaufwärts, wächst eine der seltenen Esskastanien, auch Edelkastanie genannt. Von ihr kann man im Herbst Früchte ernten. Diese schmecken fast wie Maronen, nur weniger süß und intensiv und sie sind etwas größer. Das Holz der Esskastanien diente einst den Weinbauern zum Bau von Fässern, etwa in der Pfalz. Heute wächst der Baum meist in Parks und Gärten.

Die Esskastanie blüht im späten Frühjahr üppig und bietet vielen Insekten Nahrung. Man erkennt sie an den glänzenden Blättern, sie wurde zum Baum des Jahres 2018 gewählt.

Die kugelig-braunen Früchte sind ungefähr Ende September reif. Aus ihnen lässt sich gut Suppe kochen oder man röstet sie pur im Backofen. Eine weitere, deutlich stärker frequentierte Esskastanie befindet sich im Museumspark auf dem Hügel zwischen Herzog-Anton-Ulrich-Museum und Theater.

Sitzt man unter der Kastanie auf der Wiese, kann man Menschen beim Spazierengehen zusehen oder beim Kanu- und Tretbootfahren auf der Oker. Der Löwenwall ist von 1819 bis 1823 entstanden. In der Mitte steht der – damals durch Spenden der Bevölkerung finanzierte und an die gefallenen Herzöge erinnernde – goldgeschmückte Obelisk, gerahmt von mehreren gusseisernen Löwen. Der klassizistische Platz hat die Form einer antiken Pferderennbahn, eines Hippodroms. Die Oker liegt deutlich tiefer. Das hat einen Grund: Der Löwenwall entstand auf Bauschutt und liegt 26 Meter über dem Fluss. Als höchster Geländepunkt des Wallrings war die Aussicht wichtig. Diverse Stürme, Schäden durch den Zweiten Weltkrieg und die autofreundliche Stadtplanung sorgten dafür, dass sich das ruhige, von Gärten und Villen geprägte Gebiet in einen modernen stark befahrenen Stadtraum wandelte. Trotzdem bleibt der Löwenwall ein schönes Ziel, an dem man sich selbst begegnen oder einfach vor sich hin träumen kann.

- Löwenwall, 38100 Braunschweig
- ÖPNV: Straßenbahn 4, 5, Haltestelle Am Magnitor

Stilvoll flanieren

61 Rosentalbrücke am Wallring

Wer auf der Straße Inselwall Richtung Innenstadt fährt, kann kurz vor der Celler Straße auf der rechten Seite eine auffällig schöne Hängebrücke sehen: die Rosentalbrücke. Ein zweiter Blick lohnt sich, sie gilt als eine der schönsten Brücken Braunschweigs. Das schreibt Elmar Arnhold, und der muss es wissen. Elmar Arnhold ist Architekturhistoriker und hat eine Broschüre über die Brücken am Braunschweiger Wallring verfasst.

Der Wallring diente bis ins 18. Jahrhundert als Stadtbefestigung und wurde später zusammen mit den Okerumflutgräben zu einem grünen Ring aus Parks und Gärten umgestaltet. Im Zweiten Weltkrieg wurde viel des bis dahin beliebten Flanierortes zerstört, außerdem Häuser und Straßen gebaut, sodass der Wall als Ring kaum noch zu erkennen ist.

Die Rosentalbrücke führt als Fußgängerbrücke über die Oker, sie verbindet den Inselwall mit dem Rosental. Es ist ruhig hier, gelegentlich sieht man Menschen, die zu Fuß unterwegs sind. Ab und zu fahren Autos auf der parallel verlaufenden Straße. Wer sich die Zeit nimmt, über diese Brücke zu gehen, taucht mitten im Grünen ein in die Stadtgeschichte und wird staunen, was die Ingenieure geschaffen haben:

Die Brücke wurde aus genietetem Eisen konstruiert, ist 35 Meter lang und 1,60 Meter breit. Ihren Ein- und Ausgang aus Richtung Inselwall bilden zwei Brückenpfeiler, überwiegend aus gelbem Backstein, mit jeweils einem Tor. Ein Geschoss tiefer werden Bögen angedeutet, diese sind jedoch nur vorgeblendet. Das Gesamtwerk ist eine Verbindung aus der Ingenieurskunst des 19. Jahrhunderts mit historischen Formen, wie es für den Historismus üblich ist. Die Brücke wurde im Jahr 1880 von Privatleuten gebaut. Diese hatten die Auflage, mit dem Brückenbau weder die Oker einzuengen noch den Charakter der Wallanlagen zu zerstören. Das ist ihnen gelungen. Die Brücke steht heute unter Denkmalschutz.

- Rosentalbrücke, Fußgängerbrücke zwischen Inselwall und Rosental, 38114 Braunschweig
- ÖPNV: Straßenbahn 3, Haltestelle Inselwall

CAVO..
CANIM

Über den Blüten

62 Sandmagerrasen Neues Land

Ein besonderer Aussichtsplatz befindet sich im Süden des Naturschutzgebietes Riddagshausen, einige Meter über dem blühenden Sandmagerrasen Neues Land. Auch wer keinen Expertenblick für Flora und Fauna hat, sieht schnell, welche Artenvielfalt hier zu entdecken ist, die auf einer Infotafel erklärt wird. Der Sandmagerrasen ist eine geschützte Fläche, die nährstoffarm und trocken ist, auf ihm leben seltene Tiere und Pflanzen. Zu den Pflanzen gehören häufiger vorkommende Arten wie der Kleine (Sauer-)Ampfer mit seiner ab Mai rot blühenden Rispe oder das im Sommer rot-violett blühende Rote Straußgras, seltenere Arten wie der früh weiß-rosafarben blühende Kleine Vogelfuß, die im Anschluss gelb blühende Sand-Strohblume oder das bis in den Herbst blau blühende Berg-Sandglöckchen. Manchmal dominieren einzelne Arten und verdrängen andere wie die doldenförmig blühende Kronwicke, eine Leguminose, die sich stark verbreitet und deren rosafarbene Blüten sich in den Sommermonaten zeigen. Die Pflanze holt Stickstoff aus der Luft und reichert sie im Boden an. Eigentlich positiv, doch problematisch für einen Magerrasen, den seine Nährstoffarmut auszeichnet.

TIPP

Wie wäre es mit einem längeren Spaziergang in Riddagshausen, z. B. entlang des Kleidersellerwegs?

Der Sandmagerrasen Neues Land wurde 1992 angelegt – auf einem 10 Hektar kleinen ehemaligen Acker. Er diente als Ausgleich für den Bau der Autobahn 39, dem langjährig gewachsener Magerrasen im Weg stand. Der Magerrasen wurde also praktisch umgesiedelt. Das kann man sich ähnlich vorstellen wie beim Rollrasen: Die Oberfläche wird abgenommen und am neuen Ort aufgebracht. Gemäht wird einmal im Jahr, jeweils zur Hälfte im Juli und Oktober, um den Faltern, Heuschrecken und Wildbienen Nahrung zu bieten und gleichzeitig zu verhindern, dass die Wiese zuwächst.

Die Fläche gehört zum Naturschutzgebiet Riddagshausen. Trotz Naturschutz darf der Trampelfad, der um die Wiese führt, betreten werden. Hunde müssen ganzjährig an der Leine geführt, Wege dürfen nicht verlassen werden.

- Sandmagerrasen Neues Land, 38104 Braunschweig
- ÖPNV: Bus 412, 431, Haltestelle Triftstraße

Am Wasser und unter Bäumen

63 Die Wasche in Geitelde

Wer auf der Suche nach grünen Orten ohne städtische Hektik ist, kann im Südwesten Braunschweigs fündig werden: Die Wasche ist eine Quelle in Geitelde. Das Wasser fließt vom Geitelder Höhenrücken dorthin. Der Teich befindet sich mitten im Ort, dehnt sich an seiner breitesten Stelle bis zu 40 Meter aus. Er ist mit Steinen umrandet und Treppenstufen führen zu ihm hin. Um ihn herum stehen drei Bänke mit hohen Bäumen, die Schatten spenden. Ein paar Meter entfernt beginnt die Bebauung des Ortes. Über das Wasser führen Trittsteine, die zum Queren genutzt werden können. Wer fürchtet, dabei nasse Füße zu bekommen, geht einfach außen entlang. Die Wasche friert im Winter nicht zu. Kein Wunder, ist sie doch ein Quellteich. Sie fließt zum Thiedebach und dieser dann zur Oker. Der Platz ist ein unverhoffter Rückzugsort am Wasser, an dem man seine Geschichte noch spüren kann. Ideal, um das süße Nichtstun zu leben.

Wer am Rand des Teiches sitzt, hört Kirchenglocken läuten, Vögel singen und Frösche quaken. Der Blick aufs Wasser entspannt.

Die Wasche war früher ein typischer Dorfteich. Bis 1940 wurde sie genutzt, um Pferde und Wäsche zu waschen. Ob sie deshalb ihren Namen trägt? Einst wurde sie in ein Betonbecken gefasst. Erst 1980, im Zuge der Dorferneuerung, wurde dieses entfernt und die Wasche umgestaltet.

Ist man schon mal vor Ort, kann man sich die schönen Fachwerkhäuser ansehen, die sich vor allem in der Straße An der Wasche befinden, in der die Wasche auch ihre Quelle hat.

Geitelde gehörte früher zum Landkreis Wolfenbüttel und wurde 1974 in die Stadt Braunschweig eingemeindet. Der Stadtteil ist größtenteils von fruchtbarem Lössboden umgeben, Ackerland hoher Güte. Heute ist Geitelde vor allem bei Pendlern als Wohnort beliebt.

TIPP

Vom Geiteldelder Holz aus bietet sich auch eine Rundtour über Broitzem an (Glücksort 45).

- Wasche in Geitelde, An der Wasche, 38122 Braunschweig
- ÖPNV: Bus 455, 465, Haltestelle Geiteldestraße

Bratpaprika und Tomaten

64 Die Klostergärtnerei Riddagshausen

„Vorsicht, die sind extrem scharf", warnt der Mitarbeiter beim Anblick der Bratpaprika. Er erzählt, dass er sie gekocht und mit Schafskäse serviert hat, „dann geht's". Die Bratpaprika stammen aus eigenem Anbau, genau wie die Tomaten, Gurken, Zucchini, Paprika, der Salat und vieles mehr. Jetzt im Frühherbst sind die Regale voll. Regionaler geht es nicht: Die Gewächshäuser und Grünflächen, auf denen angebaut wird, sind lediglich ein paar Meter entfernt, viele in Sichtweite. Einiges wird zugekauft, um das Sortiment zu vervollständigen, alles ist ökologisch. Die eigenen Produkte stammen seit jeher aus Bio-Anbau, seit Sommer 2022 auch offiziell: Die Zierpflanzen und Kräuter aus dem Topf tragen ein Bioland-Zertifikat. Alles, was vom Acker kommt, wie das Gemüse, ist in der Umstellungsphase. Angeboten werden auch Blumen, Obst oder Blumenerde.

In der Klostergärtnerei kann man Bio-Eis kaufen und vor Ort genießen. Es gibt Sitzplätze im Freien, die von Pflanzen umgeben sind.

Die Arbeit wird von der Evangelischen Stiftung Neuerkerode koordiniert. Die Stiftung unterstützt Menschen mit geistiger oder Mehrfachbehinderung dabei, am gesellschaftlichen und kulturellen Leben teilzuhaben. Die Menschen arbeiten in der Klostergärtnerei, sie kümmern sich um das Gemüse und die Blumen oder verkaufen sie.

Die Klostergärtnerei ist für die Mitarbeitenden wie für die Kundschaft ein besonderer Ort: Sie alle können auf das Kloster Riddagshausen blicken, das sich nebenan befindet. Die Saison beginnt im April oder Mai – dann, wenn es warm genug ist, um draußen zu pflanzen. Geöffnet ist an sieben Tagen die Woche. Wem also erst am Sonntag einfällt, dass Tomaten auf dem Abendbrottisch fehlen, der kann hier am Nachmittag noch einkaufen gehen. Das lässt sich übrigens gleich mit einem Sonntagsspaziergang durch das nahe gelegene Naturschutzgebiet Riddagshausen verbinden.

● Klostergärtnerei, Klostergang 62 a, 38104 Braunschweig, Tel. (0 53 05) 20 11 91
www.mehrwerk-esn.de
● ÖPNV: Bus 418, Haltestelle Nehrkornweg

Staudenpreise

Holzsteg in der Sonne

65

Der Südsee

Nirgends lassen sich die ersten Sonnenstrahlen so schön genießen wie am Südsee. Das weiß man in Braunschweig. Bereits morgens sind die ersten Plätze im Café Relax besetzt. Das Café liegt auch wirklich zu schön: neben dem Segler-Verein im Nordwesten des Sees, mit großer Sonnenterrasse und Blick aufs Wasser. Gäste gehen am besten erst einmal ein paar Schritte weiter an die nördliche Spitze des Wassers: Hier befinden sich mehrere Holzstege und einige neue Bänke. Sich auf das warme Holz eines Steges zu setzen und das Gesicht in die Sonne zu strecken, ist die schönste Vorbereitung für den Cafébesuch. Das geht übrigens auch im Süden des Sees, wo ein weiterer Holzsteg lockt. Der Südsee ist einfach ein perfekter Ort, um aufzutanken und frische Kraft zu sammeln.

TIPP

Man kann auch nur das Café Relax besuchen und den Blick auf das Wasser und die Segelboote genießen.

Es gibt viel Platz zum Spazierengehen und Radfahren. Man kann den See auf gut 3 Kilometern umrunden, neuerdings sogar mit Skates oder Rollern, Richtung Süden die Okerauen erkunden oder Richtung Norden ins Kennelgebiet eintauchen. Lediglich das Schwimmen ist nicht erlaubt. Der Südsee ist 1,5 Kilometer lang, 200 Meter breit und existiert seit 1965. Mit dem Material, das beim Ausheben des Sees gewonnen wurde, wurde ein Teil der umgebenden Autobahnen gebaut. Gespeist wird er durch den westlich liegenden Fuhsekanal. Die nahe verlaufende Oker darf im nördlichen Abschnitt mäandern, je weiter man Richtung Süden kommt, desto geradliniger verläuft sie. Zwei Wege trennen Menschen, die zu Fuß gehen, von solchen, die mit dem Rad unterwegs sind. Letzteres lohnt sich vor allem, wenn man Richtung Süden weiterfährt. Vorbei an den Häusern der alteingesessenen Stöckheimer und an Schaf-, Rinder- und Pferdeweiden. Der Weg führt nach Braunschweig-Leiferde. Bis dorthin radelt man etwa 15 Minuten, dreht um und fährt wieder zurück.

- Südsee, 38124 Braunschweig, www.braunschweig.de/suedsee
- ÖPNV: Bus 421, 431, Haltestelle Görlitzstraße; Bus 421, 431, 481, Haltestelle Glogaustraße

Und Sprung!

66 Schunterquerung bei Dibbesdorf

Es ist ruhig. Die Schunter fließt in Schleifen. An einer flachen Stelle zum Durchfahren des Flusses, einer Furt, steht eine Bank. Man kann zu Fuß ans andere Ufer gehen. Dafür liegen große Steine bereit, die wie Tritte über das Wasser führen.

Um diesen idyllischen Ort zu erreichen, startet man am besten nordwestlich von Dibbesdorf, radelt Richtung Westen auf der asphaltierten Straße Neddernkamp, biegt bei der ersten Möglichkeit links auf einen Feldweg und fährt bis zu dessen Ende. Dort befinden sich die Binnenlanddüne Gieseberg mit Stiel-Eichen aus dem 19. Jahrhundert und die beschriebene Schunterquerung.

Eine Frau springt mit ihrem angeleinten Hund von Stein zu Stein, ruft dem Tier zwischendurch Stopp zu, damit dieses sie nicht an der Leine ins Wasser zerrt. Das klappt gut, die beiden sind offenbar ein eingespieltes Team. Ihre Begleiterinnen durchschreiten währenddessen mit zwei Pferden die Furt daneben. Der Ort ist beliebt. Auch Kinder treffen sich hier, um auf die Bäume zu klettern.

Die Schunterquerung ist auch vom Süden aus zu erreichen und von dort ausgeschildert. Auf Feld- und Schotterwegen radelt man am Fluss entlang. Auf Höhe Hondelages gibt es zusätzlich zwei Brücken, auf denen man die Schunter überqueren kann. Fährt man über die zweite Brücke in den Ort, gelangt man zu einer kleinen, historischen Kirche. Ihr genaues Alter ist unbekannt, sie wurde im Jahr 1310 erstmals erwähnt. Davor steht eine ausladende alte Eiche mit einer hölzernen Bank, die um den Stamm gebaut ist.

Die Schunter fließt von ihrer Quelle östlich der Stadt, dem Elm, 58 Kilometer, bis sie bei Schwülper, nordwestlich von Braunschweig, in die Oker mündet. Von 2009 bis 2011 wurden Abschnitte vom privaten Förderkreis Umwelt- und Naturschutz (FUN) renaturiert, durch das Engagement sind Altarme, Steilufer und Stromschnellen entstanden.

- Schunteraue über FUN Hondelage, In den Heistern 5 c, 38108 Braunschweig, Tel. (0 53 09) 9 39 82 67
- ÖPNV: Bus 433, Haltestelle Drosselweg

Violette Schönheit

67 Zimbelkraut an der Klostermauer Riddagshausen

Je nach Witterung beginnt es etwa ab Mitte April zu blühen. Das dauert in der Regel bis September. Die Rede ist vom Zimbelkraut, einem echten Mauerblümchen. Die Blüten sind klein und violett, die Blätter dunkelgrün. Es wächst bei uns an Mauern, in Spalten und Rissen, dort herrschen ähnliche Bedingungen wie an den ursprünglichen natürlichen Wuchsorten, meist Felsen. In Braunschweig findet man es zum Beispiel an der Klostermauer Riddagshausen, am Stadtmauerrest am Inselwall bei der Mühle, im Botanischen Garten oder an den gemauerten Stellen der Oker. Ursprünglich besiedelte das hübsch anzusehende Kraut Kalkfelsen in Norditalien sowie das nördliche Adria-Gebiet. Botaniker gehen davon aus, dass es schon früh unbeabsichtigt in die Mitte Europas gelangte. Entweder durch die Römer oder entlang der Handelsrouten des Mittelalters. Heute ist die Art fast weltweit verbreitet.

Ein Spaziergang entlang der Klostermauer in Riddagshausen führt in der warmen Jahreszeit zum Zimbelkraut und ist auch sonst empfehlenswert. Riddagshausen ist das älteste Naturschutzgebiet in Deutschland und besteht seit 1936. Der Spaziergang beginnt an der Klostermauer am Kleidersellerweg, führt vorbei an drei Teichen bis zum Gasthaus Grüner Jäger. Der erste Teich befindet sich gegenüber der Klostermauer und zu ihm gehören Bank und Tisch zum Ausruhen. Hinter den Teichen und dem Parkplatz des Gasthauses kann man auf der Ebertallee die Straßenseite wechseln und die angrenzende Waldfläche Buchhorst besuchen, den 1838 angelegten Baumgarten (Arboretum) oder das Damwild. Einst war die Buchhorst ein Rotbuchenwald, inzwischen steht sie als Eichen-Hainbuchenwald europaweit unter Schutz. Die Braunschweiger brauchten Eichenholz für ihre Fachwerkhäuser. Ein Teil des Waldes besteht deshalb aus mehr als 170 Jahre alten Eichen und Buchen. Von den alten Eichen leben mehrere Hundert Tierarten, weshalb sie besonders erhaltenswert sind.

- Klostermauer Riddagshausen, 38104 Braunschweig
- ÖPNV: Straßenbahn 6, Haltestelle Helmstedter Straße (30 Minuten zu Fuß)

Eulen und Affen

68 Eulenspiegel-Brunnen am Bäckerklint

Begrünte Plätze zum Erholen sind in Innenstädten aufgrund der dichten Bebauung oft rar gesät. Das gilt auch für Braunschweig. Da eignet sich der Eulenspiegel-Brunnen hervorragend für eine Pause abseits des Trubels. Till Eulenspiegel soll im Jahr 1300 in dem Dorf Kneitlingen im Elm geboren worden sein und die Stadt Braunschweig regelmäßig besucht haben. Ganz sicher ist das bis heute nicht, denn obwohl Eulenspiegels Streiche in Büchern weit verbreitet sind, wird noch immer nach Belegen für die Existenz der historischen Figur geforscht. In der Nähe des Brunnens soll es, der Sage nach, eine Bäckerei gegeben haben, in der er einen seiner berüchtigten Streiche gespielt hat. Der Bäcker soll den Schelm gefragt haben, was dieser für eine Art von Geselle sei. Die Antwort lautete: ein Bäckergeselle. Daraufhin fing er bei dem Bäcker an. Nach einigen Tagen habe dieser ihn angewiesen, allein zu backen. Eulenspiegel habe gefragt, was er denn backen solle. Die zornige Antwort: Was pflegt man denn zu backen? Eulen oder Meerkatzen. (Letzteres ist eine Affenart.) Eulenspiegel nahm das wörtlich. Am nächsten Morgen gab es dann in der Backstube natürlich Eulen und Meerkatzen statt Brot und Brötchen. Der Bäcker warf ihn raus und kassierte das Geld für den verbrauchten Teig. Eulenspiegel nahm die Backwaren mit und verkaufte diese mit Gewinn.

TIPP
Hochwertiges italienisches Essen im Al Trullo am Bäckerklint 7. Nur mittags, unbedingt reservieren!

Der Brunnen erinnert an die Geschichte. Er stammt aus dem Jahre 1906 und ihn zieren neben einer Statue von Till Eulenspiegel auch mehrere kleine Eulen und Affen, die um den Narren herumsitzen. Die Statuen sind ein Nachguss, ihre Vorgänger stammten aus dem Jahre 1639.

Eulen und Affen aus Sandteig gibt es als Souvenir oder leckeren Ausflugsproviant im Café der Braunschweiger Touristinfo, in der Straße Kleine Burg 14.

● Eulenspiegel-Brunnen, Bäckerklint, 38100 Braunschweig
● ÖPNV: Straßenbahn 4, Bus 411, 416, 450, 480, 560, Haltestelle Radeklint

Pfade inmitten hoher Bäume

69 Naturschutz im Rautheimer und Mascheroder Holz

Die Wälder um Mascherode stehen unter Naturschutz. Alte Eichen und Buchen ragen hoch auf, sie sind teilweise mehr als 200 Jahre alt. Insgesamt 155 Hektar Wald werden hier geschützt. Manche Bäume sind umgefallen, sie blieben liegen. Das hat seinen Grund: Ein großer Teil der mindestens 50.000 Arten an Tieren, Pflanzen und Pilzen, die es in Deutschland gibt, ist in seinem Lebensraum vom Totholz abhängig. Die stellenweise wurzeligen Pfade, die sich durch das Naturschutzgebiet Mascheroder und Rautheimer Holz ziehen, werden jedoch frei von Totholz gehalten. Sie schlängeln sich durch den verwunschenen Wald und werden von Bäumen beschattet. Das Grün der Bäume ist an manchen Stellen wie in einem Dschungel zu einem Dach zusammengewachsen. Vögel zwitschern, Insekten schwirren umher.

Unterwegs trifft man Leute, die joggen oder ihren Hund ausführen. Sie sind ortskundig, falls nötig, kann man sie nach dem Weg fragen. Im Wald ist es angenehm kühl, das merkt man spätestens, wenn man ihn verlässt, zum Beispiel, um an den Feldern entlangzuradeln. Es fühlt sich im Sommer dort gleich einige Grad wärmer an.

Vom Zentrum Braunschweigs bietet sich der östliche Teil des Rautheimer Holzes für einen Ausflug mit dem Fahrrad an. Fährt man von dort Richtung Süden, trifft man auf zwei parallel verlaufende Wälle. Sie halfen früher der Landwehr, die Stadt zu verteidigen, und markieren heute die Grenze zwischen der Stadt Braunschweig und dem Landkreis Wolfenbüttel. An den Durchlässen der Handelsstraßen standen Türme wie der Gliesmaroder oder der Schöppenstedter Turm. Ein Abstecher ins südlich angrenzende Nieder- und Oberdahlumer Holz lohnt sich allein wegen des weiten Ausblicks am Waldrand: Wo sonst kann man die Höhenzüge Harz, Asse und Elm auf einen Blick sehen? Wer lieber mit dem Auto kommt, findet dort auch Parkplätze. Wie immer im Naturschutzgebiet gilt: Auf den Wegen bleiben und Hunde anleinen!

- Rautheimer/Mascheroder Holz, 38126 Braunschweig
- ÖPNV: Bus 411, 431, 481, Haltestelle Alter Rautheimer Weg

Gesundes für Mönche

70 Klostergarten Riddagshausen

Im Sommer 2004 wurde der Klostergarten in Riddagshausen eröffnet, der seitdem öffentlich zugänglich ist. Neun Jahre später wurde er erweitert und bekam seinen jetzigen Standort hinter der Klosterkirche und nahe der 1,6 Kilometer langen Klostermauer. Die imposante Klosterkirche wurde 1275, nach gut 60 Jahren Bauzeit, fertiggestellt. Ein Besuch der Kirche und des Gartens empfiehlt sich – allein schon, um im Freien auf einer der Bänke entlang der Klostermauer zu sitzen und abzuschalten. Hier fällt der Blick auf jahrhundertealte Steine und viel Grün.

Die Anlage, die typisch für Klöster ist, besteht aus einem Garten mit Heilkräutern und Färberpflanzen, einem mit Sommergetreide wie Lein, Buchweizen und Gerste, einem mit Wintergetreide wie Einkorn, Hartweizen, Dinkel und Emmer sowie einem Gemüse- und einem Obstgarten.

Die Zisterzienser, die hier ihre Heimat hatten, bauten das Getreide einst hinter der Klostermauer an. Die Mönche versorgten sich selbst, im Garten wächst unter anderem, was in der Gegend bedeutend war. Beim Gemüse gibt es zum Beispiel Artischocken, Melde, Mangold, Rote Beete, Pastinaken, Porree, Sellerie, Amaranth oder Linsen, bei den Obstbäumen Äpfel, Birnen, Quitten und Mispeln. Gegessen wurden damals in der Regel gehaltvolle Suppen, Getreidebrei oder Brot. Beilagen waren Fleisch, Fisch, Milchprodukte, Gemüse und Obst. Vorbild für die Anlage der Beete ist unter anderem der Klosterplan von St. Gallen in der Schweiz. Die Kräuter benötigen viel Wärme. Ihre Gärten lagen deshalb oft an Südhängen, Hauswänden oder umrahmt von Hecken und Mauern und stehen auch im Klostergarten Riddagshausen an der sonnigsten Stelle.

Im Mittelalter wurden in Europa viele Klöster gegründet. Sie lagen oft abseits, wodurch die Nonnen und Mönche ihren Bedarf an Nahrung und Arzneien autark decken mussten. Dazu bauten sie Nutz- und Heilpflanzen an. Klöster waren deshalb im Mittelalter wichtige Heilzentren, auch hierzulande wurden Pflanzen aus dem Mittelmeerraum eingeführt.

- Klostergarten Riddagshausen, Klostergang 57, 38104 Braunschweig, Tel. (05 31) 37 29 00, www.klosterkirche-riddagshausen.de
- ÖPNV: Bus 413, 418, Haltestelle Nehrkornweg

Gesammelte Werke

71 Die Installation Elsterflohmarkt

Radelt man die Sonnenstraße entlang, macht man etwa auf Höhe der Bushaltestelle kurz vor der Güldenstraße unwillkürlich eine Vollbremsung: Dort steht ein kleines, schmuckes Häuschen offenbar neueren Datums, grün-sandfarben gestrichen. Davor gibt es eine Bank, dahinter wachsen Nadelbäume. Durch die Fenster des Gebäudes sieht man ein Regal mit alten Büchern, einem Fernglas, einem Foto, einem abgegriffenen Kuscheltier, leeren Flaschen und Porzellanfiguren, darunter eine Katze, ein Fisch und kleine Rehe.
Hat da jemand eine Sammlung für den nächsten Flohmarkt vorbereitet? Das Schild davor mit dem Namen Elsterflohmarkt scheint diese Vermutung zunächst zu bestätigen. Darunter ist die Rede vom Braunschweig-Parcours. Welcher Braunschweig-Parcours? Ein Anruf bei der Stadt klärt auf: Es handelt sich beim Elsterflohmarkt um eine erhalten gebliebene Installation des Lichtparcours 2004, die der Künstler Mark Dion geschaffen hat.
Der Lichtparcours gehört seit dem Jahr 2000 zur Stadt. Es gibt ihn alle paar Jahre in der warmen Jahreszeit, inzwischen bereits zum fünften Mal. Dabei werden vor allem um die Oker und an deren 24 Brücken nachts verschiedene Lichtinstallationen gezeigt. Sie stammen von regionalen und internationalen Künstlerinnen und Künstlern.
Der Elsterflohmarkt liegt außerhalb der Oker. Die Stadt ist nicht glücklich über die Lage, obwohl die Installation in der Nähe einer weiteren historischen Stelle steht: der mittelalterlichen Stadtmauer, die Braunschweig beschützte. Auf der Sonnenstraße befinden sich die Überreste eines historischen Tores im Boden gekennzeichnet. Es ist das Hohe Tor, einer von acht Durchlässen der ehemaligen Stadtmauer. Das Fundament ist 1,75 Meter breit und aus Rogenstein, dem Braunschweiger Kalkstein vom Nußberg. 1788 wurde das Tor abgerissen. Stadtauswärts ist es noch im Boden zu sehen, auf der anderen Straßenseite fiel es Bauarbeiten zum Opfer.

- Elsterflohmarkt, Sonnenstraße, 38100 Braunschweig
- ÖPNV: Bus 413, 418, 422, 432, Haltestelle Güldenstraße

DER ELSTER
FLOHMARKT
MARK DION

Feine Rispen

72 Sandbeekswiese im Schapener Forst

Die Sandbeekswiese muss man sich erarbeiten, so versteckt liegt sie. Die Feuchtwiese ist nur 4 Hektar groß und wird vom Naturschutzbund und vom Bund für Umwelt- und Naturschutz betreut. Am besten fährt man mit dem Fahrrad dorthin, an die Wiese nördlich des Schapener Forstes. Schon der Schapener Forst ist nicht auf jeder Karte zu finden, er liegt nordöstlich des kleinen Ortes Schapen. Den Ort verlässt man idealerweise über die Straße Sandbach. Die Hordorfer Straße, die stark von Autos befahren wird und keinen Fahrradweg hat, ist keine gute Alternative. Die Straße Sandbach geht dagegen in einen idyllischen Feldweg über, der nach einer Weile am Waldrand entlangführt. Dort stehen diverse Bänke mit Blick über die Felder.

Ein Abstecher zur Sandbeekswiese lässt sich übrigens gut mit einem Besuch des nah gelegenen Naturschutzgebietes Riddagshausen verbinden, zum Beispiel mit einer Einkehr bei Schäfer's Ruh (Glücksort 42)

Die Sandbeekswiese ist eine Pfeifengraswiese. Hier kann man verschiedene Gräser bewundern, unter anderem die beigefarbenen Rispen des namensgebenden Rohr-Pfeifengrases, das von Juli bis September blüht. Auch die streng geschützten wilden Orchideen sollen dort zu sehen sein. Ausgraben ist verboten und ohnehin sinnlos, da sie im heimischen Garten nicht anwachsen würden.

Wer am Schapener Forst entlangradelt, merkt schnell, dass es sich dabei um alles andere als einen wirtschaftlich genutzten Forst handelt. Eher um einen Urwald, in dem alte Eichen, Haselnussbäume und Ebereschen gedeihen.

Der zur Schunter führende Sandbach ist vor Ort kaum zu sehen. Man kann höchstens am Verlauf der Bäume ahnen, dass sich wenige Meter parallel des Weges ein Bach befindet. Wer ihn sehen möchte, biegt auf dem Rückweg rechts auf den geschotterten Weg ab. Der Sandbach ist schmal. Bis an ihn heran wachsen Bäume, Kinder haben einen Staudamm aus Baumstämmen gebaut.

● Sandbeekswiese, Schunterstraße 17, 38106 Braunschweig, Tel. (05 31) 1 55 99
https://braunschweig.bund.net
● ÖPNV: Bus 427, Haltestelle Hordorfer Straße

Äpfel, frisch vom Baum

73 Selbst ernten auf dem Obsthof Riess

Adam und Eva lebten im Paradies. Deshalb durften sie aber noch lange nicht alle Äpfel, die dort wuchsen, pflücken. In der Hinsicht haben es die Gäste des Obsthofes Riess in Geitelde auf jeden Fall besser.

In langen Reihen stehen dort kleinwüchsige Bäume auf der Wiese, voll mit überwiegend rot leuchtenden Apfelsorten wie Elstar, Braeburn, Royal Gala, Berlepsch, dazu auch unbekanntere Sorten wie Elise, Fiesta und Wellant. Wer Neues kosten möchte, ist hier richtig: Probieren ist erlaubt. Nur das üppige Frühstück vorher verkneift man sich besser, damit man sich an den herrlichen Äpfeln so richtig satt essen kann. Bei sonnigem Wetter gibt es ab Mitte August Äpfel zum Selberpflücken, außerdem Birnen und Pflaumen.

Einen saftigen Pflaumenkuchen wollte im vergangenen Jahr offenbar die halbe Kundschaft gerne backen: Die Bäume waren nach 10 Tagen schon leer. Vermutlich lockte neben dem guten Geschmack auch der Preis: Selbst gepflückte Pflaumen kosten die Hälfte oder weniger als die gepflückten aus dem hofeigenen Laden. Sich im Laden umzusehen, lohnt trotzdem, auch für Selbstpflücker: Dort gibt es zahlreiche regionale Produkte. Neben Obst unter anderem Fruchtleder, Fruchtaufstriche, Honig und gepressten Saft – in der 5-Liter-Packung sogar vom Hof.

Um 9 Uhr wird geöffnet. Schon vormittags strömen die Ersten auf die Plantage. Zum Glück ist hier viel Platz, man kommt sich nicht ins Gehege. In der Mitte der Reihen steht ein Holzhäuschen mit Sitzplätzen auf einer Veranda. Ein Päuschen ist also jederzeit möglich. Die Apfelbäume befinden sich direkt hinter dem Hof. Die Sonne blinzelt durch die Blätter. Zu Hause gibt es dann die frisch vom Baum gepflückten Elstar-Äpfel. Sie schmecken frisch und saftig. Wer anderes Obst bevorzugt, kann, je nach Wetter, ab etwa Ende Mai/Anfang Juni Erdbeeren pflücken oder von Ende Juni bis Mitte/Ende Juli Süß- und Sauerkirschen.

- Obsthof Riess, Geiteldestraße 75, 38122 Braunschweig, Tel. (0 53 00) 9 10 10
www.obsthof-riess.de
- ÖPNV: Bus 455, 465, Haltestelle: Emma-Kraume-Straße

Hügel mit Aussicht

74 Biotop in Rühme

Der Aussichtshügel hier zwischen Rühme, Kralenriede und Bienrode ist neu. Ein Baumstamm liegt zum Sitzen auf der Erde. Von diesem Punkt aus blickt man rundherum ins Grüne und hört ausschließlich die Geräusche der Natur. Kein Auto stört die Ruhe. Die Lärmschutzwand zur viel befahrenen A 2 leistet zum Glück ganze Arbeit.

Ein Stück weiter, in Verlängerung der Mark-Twain-Straße, befindet sich die Keimzelle des Biotops an der Schunteraue. Der Kultur- und Förderverein Rühme hat eine eingezäunte Fläche eingerichtet und für naturinteressiertes Publikum geöffnet, in der Obstbäume, Bienen, Schmetterlinge, Käfer und Vögel ein Zuhause finden. Freiwillige haben die rund 80 Bäume gepflanzt, darunter Kirschen, Mirabellen, Birnen und Zwetschgen. Sie haben durchweg Arten gewählt, die Bienen gut mit Nahrung versorgen. Auf dem Gelände gibt es ein üppiges Insektenhotel. Grundschulen kommen hierher, damit die Kinder etwas über Tiere lernen. Sie spüren zum Beispiel dem Herzschlag von Weinbergschnecken nach oder betrachten Frösche in einer Becherlupe.

Die Mädchen und Jungen gruppieren sich vor einem Bienenstock. Sie sehen aus wie Imkerinnen und Imker, sind professionell gekleidet wie die Großen, in weißem Hut mit Netz und auch sonst ganz in Weiß, und trauen sich, ihre Finger in eine Wabe zu stecken. Zur Belohnung gibt es für sie je ein Honigbrot und für zu Hause ein kleines Glas mit Honig und ein Malbuch.

Erwachsene gehen den Teichpfad gegenüber entlang, unter Zitterpappeln und Eichen hindurch, auf Sand. Der Pfad befindet sich auf der anderen Seite des Biotops und führt in südliche Richtung. Es handelt sich um einen Stichweg entlang des Baches Ohe mit einem Teich und einer Wildblumenwiese. Schilder zeigen und erklären, was zu sehen ist: auf dem Wasser zum Beispiel Graugänse, Haubentaucher, Blässhühner und Stockenten, auf der bunt blühenden Wiese ist es im Spätsommer unter anderem die weiße Scharfgarbe.

- Biotop Kultur- und Förderverein Rhüme, Verlängerung Mark-Twain-Straße, 38112 Braunschweig, Tel. (05 31) 31 15 27, www.ruehme.com
- ÖPNV: Straßenbahn 1, 10, Bus 424, 434, 464, 484, Haltestelle Lincolnsiedlung

Sitzen mit Fernblick

75 Der Kreißberg im Bürgerpark

Eine schöne Idee: Sie wollten ihren Ruhestand nicht sitzend, sondern radelnd verbringen. So steuerten Monika Heim und Walter Lükewille im Sommer 2021 verschiedene Bänke in ihrer Heimatstadt an, der Allgemeine Deutsche Fahrradclub (ADFC) veröffentlichte diese. Die beiden haben schließlich nicht irgendwelche Sitzmöglichkeiten zusammengestellt, sondern nur solche, die besonders schöne Ausblicke und eine besondere Umgebung bieten. Die Bänke sollten barrierefrei zugänglich sein, damit auch Familien mit Kinderwagen oder Rollstuhlfahrende diese ansteuern können. Sie strebten zwei bis drei Bänke pro Stadtteil an, auch wenn sie manches Mal bis zu sieben geeignete Pausenplätze fanden und genauso oft nur einen einzigen. Insgesamt sind die beiden bei ihrer Suche auf 1.000 Fahrradkilometer gekommen. Wer wissen will, wo sich die ausgewählten Bänke befinden, gibt einfach „100 Bänke in Braunschweig" in die Suchmaschine ein und stößt auf die Übersichtskarte des ADFC. Zu den ausgewählten Bänken gehören beispielsweise diejenigen am Kreißberg im Bürgerpark (Glücksort 16). Sie sind über einen spiralförmigen Weg oder über Treppenstufen zu erreichen. Entweder gibt man sich mit den Sitzgelegenheiten auf halber Höhe zufrieden oder man nimmt die ganz oben. Auf beiden Ebenen gibt es jeweils eine umzäunte Aussichtsplattform. Die Bänke dort stehen überwiegend im Schatten. Für diejenigen, die die Sonne suchen, gibt es auf dem Weg Sitzplätze zu allen Seiten. Sogar eine Bank mit Okerblick ist dabei.

Die Lieblingsbank von Monika Heim und Walter Lükewille ist aber eine andere. Diese befindet sich nördlich von Hondelage mit Blick über die Schunteraue. Bei klarem Wetter sieht man bis zum Brocken. Ein ganzes Ensemble befindet sich dort mit zwei Bänken und einem Tisch, sodass auch ein Picknick im Freien möglich ist. Vom Parkplatz Mergelkuhle aus geht es gut 2 Kilometer nördlich Richtung Wald. Die Bank liegt hinter der Mergelkuhle, zwischen Waldrand und Feld.

● Kreißberg, Bürgerpark, 38102 Braunschweig

● ÖPNV: Bus 413, 419, 429, 435, Haltestelle Messegelände Nordeingang; Straßenbahn 1, 2, Bus 420, Haltestelle Bürgerpark

Kleidung upcyceln

76 Design- und Änderungsatelier Nähwerk

Im Nebenraum hängen Blätter mit Skizzen. Sie zeigen Hemden. Duong Nguyen ist Modedesignerin und will künftig auch Herrenhemden anbieten, daher die Zeichnungen. 2017 hat sie sich mit dem Design- und Änderungsatelier Nähwerk selbstständig gemacht, zunächst als Teilhaberin, inzwischen allein.

Umweltschutz und Nachhaltigkeit bei Kleidung bedeutet für sie, Stücke zu retten und zu verschönern. Das fängt beim Ändern an, die Hose kürzen oder das Loch in der Bluse flicken. Beide Teile zieht man danach wieder gerne an. Meist geht es um Lieblingsstücke. Sie wandelt Kleidung auch komplett um, nimmt sie auseinander und setzt sie neu wieder zusammen: Aus dem Schal von Oma kann dann ein Kissen werden oder aus einem Rock eine Bluse. Wichtig ist ihr, den Menschen bewusst zu machen, was sie ohnehin bereits an Wertvollem besitzen. Denn: Bei der Produktion neuer Kleidung fällt viel Abfall an wie Papier, Fäden oder Stoffreste. Es ist daher sinnvoll, deren Kauf zu beschränken.

TIPP

Fein indisch speisen im Magniviertel im Badsha am Ölschlägern.

Der Aufwand lohnt sich nicht nur bei wertvollen Stücken: Egal ob ein Teil 3 Euro auf dem Flohmarkt oder 300 Euro gekostet hat – die Designerin sagt: Man muss sich in erster Linie darin wohlfühlen, das Kleidungsstück sollte zu einem passen. „Es geht nicht darum, einem Trend zu folgen, dann bist du nicht mehr du.“ Stattdessen kann man sich die Frage stellen: „Wie willst du dich sehen?“ Die Antwort kann sportlich, elegant, frei oder offen heißen. Sie selbst bekommt für ihre Sachen viele Komplimente. Ihre eigenen Outfits dürfen gerne bunt sein, aber nicht knallig. Sie kombiniert sie mit Broschen aus Secondhandläden. Dort stöbert sie gern, ebenso auf Flohmärkten.

Wichtig ist ihr, den Aufwand für die Herstellung von Kleidung zu zeigen. Die Menschen sollen sich fragen: Was kann ich mit den vorhandenen Stücken aus meinem Kleiderschrank machen? Oft reicht es, den Pulli bunt zu besticken oder die Kragenform des Blazers zu ändern. Und: Schön und individuell gekleidete Menschen machen auch die Stadt schöner.

- Nähwerk, Kuhstraße 1, 38100 Braunschweig, Tel. (01 78) 5 26 86 07
- ÖPNV: Bus 420, 620, 730, Straßenbahn 1/10, 2, 3, 5, Haltestelle Schloss

ALTOIDS

Äpfel und Quitten

77 Biotop am Fuhsekanal

Im Südwesten der Stadt ist eine grüne Oase entlang des Fuhsekanals entstanden. Verantwortlich dafür sind die Mitglieder des Vereins Pro Natur Braunschweig Südwest, der im März 2022 gegründet wurde. Ihnen ist es im Jahr 2015 gelungen, hier wieder Laubfrösche anzusiedeln. Diese Tiere gab es lange Zeit nicht mehr. Entlang des Fuhsekanals westlich von Broitzem zieht sich rund ein Dutzend Teiche bis zum Stichkanal nach Salzgitter.

Parallel des Kanals, südlich davon, verläuft der Wiesenweg. Im Ort Broitzem ist der Wiesenweg noch eine Asphaltstraße, später geht er in einen maximal 2 Kilometer langen Schotterweg über. Verlässt man den Ort per Rad oder zu Fuß, befinden sich rechts des Kanals Wiesen und Weiden. Den Fuhsekanal kann man vom Weg aus nicht sehen, er ist zugewachsen.

Etwa auf halber Strecke grasen Rinder auf einer Weide und es gibt ein Storchennest, das der Verein 2000 gebaut hat und das im Frühjahr auch bewohnt wird. Im Sommer ist es leer. Der Jahreskreislauf lässt sich anhand des Storchennestes gut nachvollziehen. Kuckuck-Rufe mischen sich mit den Geräuschen der Bahn. Hinter dem Fuhsekanal befinden sich die Schienen der Bahnstrecke nach Hannover.

Geht oder radelt man auf dem Wiesenweg ortsauswärts Richtung Westen, stößt man auf die Straße Teufelsspring, die zwischen Timmerlah und Stiddien entlangführt. Quert man die Straße, kommt man zu einer Obstwiese, auf der unter anderem Äpfel, Kirschen und Quitten wachsen. Der Verein bittet darum, die Obstwiese nicht zu betreten. Vor den Obstbäumen, hinter der Straße, befindet sich ein Stück Wiese, auf dem man verweilen kann. Dahinter beginnt der Forst Stiddien, der das Braunschweiger Stadtgebiet begrenzt.

Das gesamte Gebiet ist zu einem grünen Reservoir geworden, bei dem man mit jedem Ausflug einen anderen Schatz heben kann.

- Biotop am Fuhsekanal, Wiesenweg, 38122 Braunschweig
- ÖPNV: Straßenbahn 5, Bus 465/ 466, Haltestelle Broitzem Turmstraße

Lokale Leidenschaft

78 Bio-Baumwolle von Bergkind

Sie hat es einige Monate nicht in ihre geliebten Alpen geschafft, die Zeit war leider zu knapp. Dafür ist Heike Nieß mit einer Freundin im Harz gewandert, zur Kästeklippe sind sie gegangen, immerhin kleine Berge. Und die Liebe zu den Bergen prägt das Leben von Heike Nieß auch im Flachland. Trotzdem, sie freut sich darauf, möglichst bald wieder weiter nach oben zu kommen, Kleidung auf der Haut zu spüren, die klitschnass vom Schnee ist. So lange drückt sie ihre Sehnsucht nach den Bergen mit einem T-Shirt aus ihrer eigenen Kollektion aus. Darauf steht, was sie ist: ein Bergkind.

Die gleichnamige Braunschweiger Marke gründete sie 2018, zusammen mit ihrem Mann Olli. Den beiden gehört SOS Sport, ein Geschäft in Uni-Nähe, in dem es Ski und Skikleidung gibt. Sie haben es 1999 übernommen, dort ist ihre Marke in Braunschweig zu Hause. Bis dahin hatten die beiden lediglich in ihrer Freizeit mit Wintersport zu tun. Heike Nieß arbeitete als Buchhändlerin, ihr Mann Oliver studierte und wollte eigentlich Bauingenieur werden, als sie den Laden übernahmen. Kennengelernt haben die beiden sich passenderweise auf der Piste in Kitzbühel.

Heike Nieß sagt, sie leben von den Bergen, in den Bergen und mit den Bergen. Ihre logische Konsequenz: Sie wollen den Naturraum erhalten. Die Kleidung ihrer Marke besteht daher aus Bio-Material, ist mehrfach als umweltfreundlich zertifiziert worden, Verpackungen werden wiederverwertet. Von einem Teil der Kollektion spenden sie 10 Prozent für die Wiederaufforstung des Harzes. Ihr Ziel ist es, Funktionskleidung herzustellen, die man das ganze Jahr über tragen kann, wie Leggings oder dünne Jacken, die in der wärmeren Jahreszeit ausreichen und die man im Winter darunterzieht.

Bei gutem Wetter sieht man von Braunschweig aus den Brocken, den höchsten Berg im Harz. Nichts wie hin ...

● Bergkind bei SOS Sport GmbH, Rebenring 10, 38106 Braunschweig, Tel. (05 31) 34 77 11, www.bergkind-clothing.de
● ÖPNV: Bus 419, 429, 433, Haltestelle Pockelstraße

ALPEN
SEHNSUCHT ALM
BERGKIND
BERGKIND
BERGKIND
BERGKIND
ESTABLISHED 2018
Bergkind
SIE SIND EIN GEFÜHL
BERG
ESTABLISHED

Komm kuscheln!

79 Alpaka-Wanderung

Einige Menschen stehen am Zaun einer Weide, die sich östlich des Südsees, an der Oker, befindet. Sie wollen die Alpakas sehen, die hier ihr Zuhause haben. Diese lassen sich von dem neugierigen Besuch aber nicht aus der Ruhe bringen und kauen vor sich hin.

Alpakas haben lange, schlanke Beine, einen langen, dünnen Hals und einen kleinen Kopf. Sie werden bis zu einem Meter groß und bis zu 80 Kilogramm schwer. Ihre Fellfarben reichen von Weiß und Beige über Braun und Rotbraun bis zu verschiedenen Grautönen und Schwarz. Dazu kommen gescheckte Tiere. Alpakas verlieren ihr Fell nicht von allein, sie werden jährlich wie Schafe geschoren. Die Tiere stammen aus den Anden in Südamerika und werden dort vor allem für die Wollproduktion gezüchtet. Die meisten von ihnen leben in Peru. Inzwischen gibt es sie auch in Europa, Australien und Nordamerika. Sie gehören zur Tierart der Kamele.

Auch gestresste Großstädter kommen dank der Tiere schnell runter, denn diese bestimmen das Tempo. Je angespannter der Mensch ist, desto langsamer gehen sie.

Eine Mitarbeiterin holt mehrere Tiere für eine Wanderung um den Südsee ab. „Der schönste Nebenjob der Welt", verkündet sie freudestrahlend. Sie arbeitet für das Alpakadorf in Braunschweig, dem die Tiere gehören und das die Wanderungen zum Beispiel zu Kindergeburtstagen oder für Einzelpersonen anbietet. Alpakas sind vom Charakter ruhig und neugierig und daher für Wanderungen und Therapien gut geeignet.

In Braunschweig gibt es seit 2020 eine Herde von etwa 25 Tieren, verteilt auf verschiedene Weiden, auf denen sie das ganze Jahr über leben.

Den Südsee kann man als Einzelperson mit Alpakas umrunden, indem man sich einer Gruppe anschließt. Eine Anmeldung ist nötig. Alternativ gibt es Touren zum Beispiel in Riddagshausen, den LÖWE-Pfad bei Wolfenbüttel oder in Salzgitter.

- Alpakadorf, Sophia Bahl und Dirk Klostermann, Ina-Seidel-Straße 5, 38124 Braunschweig, Tel. (0 51 73) 8 35 68 78, www.alpakadorf.de
- ÖPNV: Südsee Bus 421, 431, Haltestelle Görlitzstraße

Hochwertige Vintage-Mode

80 Kaffee, Kuchen, Kommission bei by Netta

Der Laden brummt auch an einem Wochentag vormittags. Das Secondhandgeschäft für Mode by Netta befindet sich im Magniviertel. Immer wieder kommen Frauen mit großen Papiertüten herein, die Kleidung verkaufen. Das geht nur mit Termin. Eine Kundin hält zwei Dirndl-Gewänder über dem Arm. Inhaberin Aneta Vogler nimmt die hierzulande eher ausgefallenen Stücke an und ihr entfährt spontan: „Ich liebe meinen Job. Das ist wie jeden Tag Weihnachten." Zur Kundin sagt sie, während sie die weiteren Sachen schnell und routiniert durchsieht: „Bei Jeans bin ich etwas schwierig. Die Samthosen nehme ich alle." Nehmen bedeutet: auf Kommission verkaufen. Geld gibt es erst, wenn die Sachen nach einer gewissen Frist wieder an die Frau gebracht werden können. Auf diese Art geht sie sicher, nicht auf den Stücken sitzen zu bleiben.

Aneta Vogler verkauft vor allem Marken- und Designerware, je hochwertiger die Kleidung, desto besser, Styling-Tipps gibt es gratis dazu. Gebrauchte Mode ist nachhaltig. Gut so, aber hier sieht sie vor allem schön aus und macht Freude.

Das Geschäft befindet sich seit Mai 2021 in der Kuhstraße – mit deutlich mehr Platz als zuvor in der Sonnenstraße. Mehrere Kundinnen stöbern an den Ständern voller Blusen, Jacken, Pullis, Hosen. Darunter stehen Schuhe. Eine Frau probiert schwarze Stiefel aus Wildleder. „Die wurden nur einmal getragen", sagt die Geschäftsinhaberin im Vorbeigehen. Niemand wird überredet, etwas zu kaufen. Der Laden, der gleichzeitig ein Café ist, wirkt mehr wie ein Treffpunkt für Freundinnen.

Gefühlt gleichzeitig berät die Inhaberin, serviert Kaffee und selbst gebackenen Kuchen, begrüßt Kundinnen und schaut neue Ware durch. Dabei wirkt sie keineswegs gestresst, sondern aufmerksam, herzlich und gut gelaunt. Schick sieht sie auch selbst aus, im türkisfarbenen Blazer mit rosafarbenen, roten und blauen Blüten. Das beste Aushängeschild für ihren Laden.

● by Netta, Kuhstraße 28, 38100 Braunschweig, Tel. (01 76) 57 60 06 28
www.by-netta.de

● ÖPNV: Bus 420, 461, 620, Straßenbahn 1/10, 2, Haltestelle John-F.-Kennedy-Platz

Bibliografische Informationen der Deutschen Nationalbibliothek
Die Deutsche Nationalbibliothek verzeichnet diese Publikation in der Deutschen Nationalbibliografie; detaillierte bibliografische Daten sind im Internet über http://dnb.d-nb.de abrufbar.

Konzeption/Satz: Droste Verlag, Düsseldorf
Einbandgestaltung und Illustrationen: Britta Rungwerth, Düsseldorf, unter Verwendung von Bildern von © Fotolia.com: jd - photodesign.de; © iStock: Plociennik Robert
Fotos: Monika Herbst außer: S. 165: Alpakadorf

FSC® www.fsc.org
MIX
Papier aus verantwortungsvollen Quellen
FSC® C011279

Druck und Bindung: LUC GmbH, Greven
ISBN 978-3-7700-2436-0

www.droste-verlag.de